# 乡镇（街道）社工站实务：
# 方法与技巧

XIANGZHEN (JIEDAO) SHEGONGZHAN SHIWU:
*FANGFA YU JIQIAO*

焦若水　李权财　姚进忠　王　英　/　著

## 中国社会出版社

国家一级出版社 · 全国百佳图书出版单位

**图书在版编目（CIP）数据**

乡镇（街道）社工站实务：方法与技巧 ／ 焦若水等著 ． —— 北京：中国社会出版社，2024．12． —— ISBN 978-7-5087-7123-6

Ⅰ．D632

中国国家版本馆 CIP 数据核字第 2024RA7620 号

**乡镇（街道）社工站实务：方法与技巧**

出 版 人：程　伟
终 审 人：李新涛
责任编辑：余细香
装帧设计：时　捷
出版发行：中国社会出版社
　　　　　（北京市西城区二龙路甲 33 号　邮编 100032）
印刷装订：中国电影出版社印刷厂
版　　次：2024 年 12 月第 1 版
印　　次：2024 年 12 月第 1 次印刷
开　　本：145mm×210mm　1/32
字　　数：172 千字
印　　张：8.375
定　　价：48.00 元

# 前　言

　　乡镇（街道）社会工作站（以下简称"社工站"）建设是加强和完善基层社区治理的重大举措。2017年中共中央办公厅、国务院办公厅印发《关于加强乡镇政府服务能力建设的意见》（中办发〔2017〕11号）要求，要"积极健全城乡社区治理机制，完善社区服务体系，充分发挥社会工作专业人才在乡镇公共服务提供中的作用"。2023年中央一号文件《中共中央、国务院关于做好2023年全面推进乡村振兴重点工作的意见》中，社会工作更是作为基本公共服务，与教育、医疗并列成为乡村振兴战略的重要内容。乡镇（街道）社工站建设也是民政部的重点工作，是民政部门打通民政为民服务"最后一米"，发挥社会工作贴近群众的专业优势，丰富为民服务内涵，提升为民服务水平的重要手段。截至2020年底，全国共有乡级行政单位38741个，按照每个乡镇（街道）社工站配备3名社会工作者来测算，乡镇（街道）社工站全面建成后将有近12万专业社会工作者在城乡一线开展社会工作服务。乡镇（街道）社工站全覆盖成体系建设，大大提振了广大社会工作者的信心，是我国未来社会工作人才队伍中规模最大、体系最完整、最接近基层的重要组成部分。

目前，乡镇（街道）社工站建设有序推进，本书针对广大农村地区和基层政府对社会工作的知晓度仍然不够高的现状，简明扼要地阐述乡镇（街道）社工站建设的基本背景，通过翔实的案例和简洁的思维导图，对四级乡镇（街道）社工站建设的规划、运营、分工进行解读，对乡镇（街道）社工站运行过程中牵涉的服务清单、管理制度、招标流程、服务协议、资金监管、督导体系、评估机制等具体内容进行了阐释，特别围绕乡镇（街道）社工站一线社会工作者在服务开展过程中如何应用个案、小组、社区社会工作三大专业方法，在实践中紧紧围绕乡镇（街道）党政中心工作，激活公益和慈善资源，动员和培育社区自身资源，整合式开展社会工作服务，进行了较为系统、全面的解读。

# 目　录

# 第一章

# 乡镇（街道）社工站工作概述

　　目前，乡镇（街道）社工站的建设正在中国大地上如火如荼地进行着。要想凝聚各方力量一起把社工站发展好，我们需要了解社工站是在什么样的背景下开始建设的，是为了解决哪些现实的难题、回应哪些层面的需求；我们也需要把握好社工站的性质和职责，全面而准确地认识社工站的价值和意义，如此才能在工作中更好实现社工站建设的初衷。为此，本章首先从我国社会工作的发展历史出发，分析社会工作发展面临的困境，引申出建设社工站的必要性；其次分别论述社工站的性质和职责；最后从行政战略的实施、服务对象的受益、社会工作的发展三个层面阐释社工站的价值和意义。

# 第一节
## 乡镇（街道）社工站建设缘起

社会工作是秉持利他主义价值观，以科学知识为基础，运用科学的专业方法，帮助有需要的困难群体，解决其生活困境问题，协助个人及其社会环境更好地相互适应的职业活动①。2014年7月，国际社会工作者联合会对社会工作作出了新的定义：社会工作是以实践为基础的职业，是促进社会改革和发展、提高社会凝聚力、赋权并解放人类的一门学科。社会工作的核心准则是追求社会正义、人权、集体责任和尊重多样性。基于社会工作、社会学、人类学和本土化知识的理论基础，社会工作鼓励人们和各类机构积极应对生活挑战，改善福利。

### 一、西学东渐：社会工作的起源与发展

我国近现代意义上的社会工作起源于20世纪初。1912年，美国传教士步济时（Burgess）创办了北京社会实进会，目的是组织学生参与基督教的社会服务工作，改进社会服务和社会福利，这被认为是中国社会工作服务的开端之一。步济时还于1922年创办了燕京大学社会学系，该系1925年改名为社会学与社会服务学系，并开设了诸多与社会工

---

① 王思斌.社会工作概论［M］.北京：高等教育出版社，2014.

作相关的课程①。同时期，金陵大学等教会大学也开设了社会工作的相关课程。这些学校的师生，开始走入社区、医院，尝试运用社会工作的方法开展服务，为我国社会工作积累了一定的服务经验。到了 20 世纪 30 年代，一大批中国专家学者以乡村为阵地，聚焦农村社会的实际问题，开展了轰轰烈烈的农村社会工作实践。例如，梁漱溟在山东、晏阳初在河北、卢作孚在四川的实践活动。他们开展的农村社会工作以"乡村建设"为名，具有鲜明的中国乡土属性，在当时产生了重要的影响，至今依然为人们所津津乐道。但到了 20 世纪 50 年代初期，在全国教育系统新的专业调整布局之中，社会工作专业被取消，我国社会工作的发展也进入一段中断期。

## 二、本土探索：改革开放后的社会工作

1978 年，我国改革开放的征程拉开大幕。此后，我国社会在不断享受改革发展的成果时，贫富差距等社会问题不断地产生，民众的社会需求也越来越多元。党和政府采取了一系列的行动回应这些问题和需求，以实现"和谐社会"的宏伟目标，其中的行动之一就是支持社会工作的重建与发展。20 世纪 80 年代，国家开始支持和鼓励高校重新开设社会工作专业，社会工作再次在教育领域中逐步发展起来，即学术界常说的"教育先行"。2006 年 10 月，党的十六届六中全会提出为了建设社会主义和谐社会，要建

① 彭华民.中国社会工作学科：百年论争、百年成长与自主性研究[J].社会科学，2017（7）：66—73.

设宏大的社会工作人才队伍。以这次会议为重要契机，社会工作专业的建设步入快车道。2008 年 5 月发生的四川汶川大地震，则为社会工作带来了在实务界大展身手的机会。无论是中国社会工作教育协会组织的来自社会工作教育界的力量，抑或是来自广东和香港等地的社会工作实务界的力量，都在灾后重建中发挥了重要作用。也是在 2008 年，第一次全国社会工作者职业水平考试正式举行，从制度层面助推了社会工作的发展。此后由政府推动的社会工作岗位购买、项目购买等形式逐渐兴起，促成了社会工作服务机构的大量产生与发展。总而言之，伴随着宏观层面的政策支持、执行层面的试点探索、经验层面的不断积累，我国社会工作的发展取得快速的进步，呈现出了积极的发展势头。

### 三、当前问题：社会工作发展的困境

整体而言，社会工作的发展水平与我国经济社会发展的整体水平还不相匹配，与党和政府期待社会工作所能发挥的作用还有明显差距，与社会工作专业力量所倡导的理想发展模式还有较大距离，与满足服务对象多元化的现实需求还有显著差距，在推动解决社会问题方面的作用发挥不足，呈现出较低的发展水平。

第一，服务覆盖率低且不均衡。社会工作实务虽然在上海、广州、深圳等大城市经历了"零星开花"到"春天花满园"，但是距离全国层面"满园春色"还有很远的路要走。当前社会工作实务还处在政府出资购买、民间努力探索的阶段，社会工作服务存在零碎、割裂、层次低的问

题，未形成全面制度化建设的格局。在这样的状况下，由于资源环境与发展基础的差异，社会工作城乡发展不均衡、东西部发展不均衡的问题尤其突出，使得广泛存在于农村、西部地区的困难群体未能获取有效服务。总体而言，社会工作服务覆盖率低，分布严重不均衡。面对此种局面，相关部门已经采取了一些行动予以回应。例如，2022 年 1 月，民政部和国家乡村振兴局印发《"十四五"时期社会工作服务机构"牵手计划"实施方案》，提出引导先发地区的社会工作服务机构结对帮扶国家乡村振兴重点帮扶县的社会工作服务机构，搭建社会工作服务东西部协作、城乡融合平台。

第二，服务的持续性得不到保障。现有的社会工作服务大多以短期项目化的模式进行，不是面向固定服务提供者的长期购买模式。当前诸多的社会工作服务项目，签约周期仅为一年，甚至更短。然而社会工作的服务往往是一个循序渐进的过程，不适宜追求"短、平、快"的效应。现实的情况是，社会工作者刚刚与服务对象建立良好的合作关系，服务的成效开始往外显现，正需要进一步深入推进的时候，项目周期就截止了，社会工作者被迫从熟悉的服务场域离开，已有的社会工作服务戛然而止，已有的服务成效难以持续，更不可能放大。此种运作模式，使得社会工作服务既不深入也不持久，往往只能"点到为止"，无法"步步深入"，只能"照着项目书走"而不能"跟着服务对象的需要走"。由此带来的问题是，社会工作服务容易走向"活动化""表面化""浅层化"，这不仅难以积累服务经验，而且不易彰显服务成效，也不利于持续建构社会工作专业的良好形象。

第三，服务与福利输送体制的嵌构度不紧密。社会工作是社会福利服务输送体制的重要组成环节和专业力量，这就决定了社会工作的发展深受政治的影响。因此，如何"嵌入"到行政体制中，甚至形成"互构性"发展，而获得政治合法性和持续的资源支持一直是社会工作的重要努力方向。当前，我们在这方面做得还不够，还远未达到理想的状态。首先，很多地方还没有把开展社会工作服务所需的经费纳入政府的年度财政预算，致使"没有钱干社会工作"的情况普遍存在。其次，政府体系内，尤其是非民政部门对社会工作专业的知晓和理解程度还比较浅，不利于为社会工作的发展争取和输入资源。近一年来，笔者经常陪同民政部门领导到各地调研社会工作发展的整体情况。经常面临的情况是，一谈到社会工作，在场的县级领导转头就问旁边的工作人员，"社会工作者是不是和志愿者一样？""社会工作是干什么的？"最后，一些社会工作机构习惯独自去经营项目和开展服务，不擅长也不喜欢与服务地所在的政府部门、社区"两委"协作，不会有效地调动行政系统的资源，进而与行政系统产生"彼此猜疑""互不信任"的情况。

因此，就社会工作整体的发展而言，无论是顶层的制度设计和服务体系的全面建设，抑或是基层实务经验的积累，我国社会工作都尚有诸多不足之处。这使得社会工作专业仍旧存在知晓度不足、社会认可度低的问题，未能真正地深入人心。于广大的人民群众来说，社会工作往往是没听说过的；即使听说过，也看不到；即使看到了，也享受不到。可以说，一定程度上社会工作还没有真正成为更好满足人民群众对美好生活向往的重要推动力，也没有真正扮演起促进城乡社区有效治理的重要角色。

### 四、立基乡镇（街道）：社会工作发展的新探索

所有这些都指向一个核心问题，专业社会工作的深入推进、社会工作服务的有效供给、社会工作实务智慧的不断积累，还缺少稳定的实体化支撑平台，还缺乏可靠的工作抓手，还没有建立稳固的服务阵地。为此，早日建构实体化的服务平台，使社会工作者能够广泛扎根城乡社区，为广大人民群众提供各类综融性的专业社会工作服务，使各类资源得以整合、经验得以积累、成效得以累加，社会工作得以持续发展，成为社会各界尤其是社会工作专业力量的殷切期盼。在这样的背景下，广东省和湖南省率先进行了卓有成效的探索。广东省在省民政厅的主导下，从2017年开始启动了"双百计划"，分两批建设407个镇（街）社会工作服务站，后来这一计划上升为"双百工程"。湖南省则从2018年开始在全省实施"禾计划"，逐步在全省所有的乡镇（街道）建设社工站。这两个计划，尽管所采取的模式有明显的差异，服务的重点也各有不同，但都取得了积极的成果，并受到社会各界的广泛关注，为全国范围的乡镇（街道）社工站建设起到了示范与试点作用。

在党和政府"推进国家治理体系和治理能力现代化""乡村振兴""共同富裕"等战略的引领下，社会工作需要有突破性的发展和进步，要不断将自己的专业理念和服务技能有效落地，真正融入国家的发展大局中。2020年

10 月，时任民政部部长李纪恒在加强乡镇（街道）社会工作人才队伍建设推进会上提出，力争到"十四五"末，全国实现乡镇（街道）都有社工站，村（社区）都有社会工作者提供服务。此次会议拉开了全国范围内的乡镇（街道）社工站建设的序幕。此后，2021 年 2 月，中共中央办公厅、国务院办公厅印发《关于加快推进乡村人才振兴的意见》；2021 年 4 月，民政部办公厅印发《关于加快乡镇（街道）社工站建设的通知》；2022 年 2 月，国务院印发《"十四五"推进农业农村现代化规划》。以上文件均明确提出要加快推动乡镇（街道）社工站建设。当前，各地政府部门都在结合本地实际，推出促进乡镇（街道）社工站建设的专项政策和行动，乡镇（街道）社工站的建设正在中华大地上如火如荼地推进。例如，四川省提出确保到 2022 年年底实现乡镇（街道）社工站全覆盖。根据民政部的统计，截至 2022 年 6 月 30 日，全国已建成乡镇（街道）社工站 2.1 万余个，5.3 万余名社会工作者驻站开展服务，7 个省份实现了乡镇（街道）社工站全覆盖，17 个省份覆盖率已超过 50%，全国覆盖率达到 56%。

特别值得强调的是，乡镇（街道）社工站建设的薄弱点仍然是农村乡镇。"十四五"时期，我国农业增加值增速和占比将进一步下降，农业比较优势将快速下降，农户分化程度将进一步提高，农村人口特别是中西部地区农村人口高强度流动将是常态。数量庞大的"三留守"人群和滞留在农村的残障人群体，往返于城乡间的流动人口及其家庭的脆弱性问题，都将是农村社会必然面临的结构性挑战。同时，教育、医疗等公共服务资源进一步向城镇集中后，农村居民面临的信息匮乏、人力资源流失、社会资源与支持网络不足、政策偏差、文化教育和权利保护缺位等问题将进一步凸显。乡镇（街道）社工站一定要更好地发挥社会工作在巩固拓展脱贫攻坚成果这一乡村振兴基础性、前提性工作中的功能，既要充分考虑乡镇（街道）社工站建设处于起步阶段，在农村乡镇（街道）治理服务体系中找准定位，将乡镇（街道）、村（居）公共服务未能覆盖的困难群体关怀工作做好做实，又要着眼于谋划农村社会工作中的长期发展，用优势视角充分发挥社会工作在当地乡村振兴事业中的作用，充分融入当地乡镇（街道）党委的中心工作。围绕农村生计与资产建设，探索乡村生计发展、生态环境、应急管理（防减灾）、农村医疗卫生、乡村教育、民主协商等领域的服务，既不被购买服务的"契约"和民政的部门意识限制视野，又不过度夸大社会工作的专业边界和效能，不盲目冒进，使社会工作真正在乡村振兴战略中成为农村社区资源链接的平台、公共服务的窗口、人力资源社会资本培育的孵化器，扎实稳妥地开展力所能及的社会工作服务。

# 第二节
## 乡镇（街道）社工站的性质和职责

### 一、乡镇（街道）社工站的性质

乡镇（街道）社工站是由政府直接建立或者支持建立，通过政府直接招聘工作人员或者购买社会组织服务等方式在乡镇（街道）层级设立的，旨在运用专业社会工作方法面向有需要的个人、家庭、社区等提供专业服务，是有效满足人民群众日益多元化的需求、有力助推基层社会治理实体化的社会工作服务阵地和平台。乡镇（街道）社工站是社会工作者履行专业使命和价值的实践基地，也是广大人民群众寻求、获得社会工作服务的有力依托。

第一，乡镇（街道）社工站是由政府主导建立的，各级民政部门在其中扮演着关键的角色，在社工站的建立、运作、监管的全过程中发挥核心作用。社工站的建设要紧紧围绕党和政府的"推进国家治理体系和治理能力现代化""乡村振兴""共同富裕"等国家战略，要坚持强化政治责任担当，充分发挥党建引领作用，确保乡镇（街道）社工站的建设和发展沿着正确的政治方向稳步前进。社工站要成为党和政府服务人民群众的有力载体，要及时通过自己的专业服务协助党和政府解决人民群众的现实难题，提高人民群众的生活幸福感，并积极助力基层治理。需要指出的是，虽然各级民政部门在乡镇（街道）社工站的建设中发挥着关键性的作用，但社工站一定要有超越民政的视野和思维，让乡镇（街道）社工站全面融入乡村振兴工作的各方面，融入乡镇的各项中心工作。

第二，乡镇（街道）社工站的运作，可以紧密结合各地的现实情况，因地制宜地采用由政府直接招聘工作人员、委托各类社会服务机构承接，以及两者交融的混合模式等方式展开。例如，广东省新时期的"双百工程"采取的是由政府直接招聘工作人员安排在具体服务站点提供服务的模式。而湖南省的"禾计划"采用的模式则是通过政府购买服务的方式向社会服务机构购买服务，委托社会服务机构承接社工站的具体运作。此两种模式各有优势和不足，各地在参考借鉴之时要密切地与自身的实情相融合，综合考虑利弊后，采用适宜本地的发展模式。如此才能在发展的过程中尽可能少走一些弯路，少一些曲折和反复。例如，在某些偏远的少数民族地区，能承接社工站运作的本土社会服务机构少之又少，而引入外来的机构又面临重重的困难，即便好不容易引来了又可能存在"水土不服"的困难，这些因素都需要被充分考虑到。

第三，乡镇（街道）社工站主要是提供专业的社会工作服务，而非承担各类常规的政府行政性工作。社工站在实际的运作中，要千方百计地创造条件，让专业的人干专业的事，提供专业的服务。各地都要把乡镇（街道）社工站看作协助政府更好地履行基本社会保障、基层社会治理、基本社会服务职责的专业机构，而不是政府部门完成行政任务的新"科室"，在社工站的结构和制度建设上要建构现代社会组织的治理结构①。社工站是设置于乡镇（街道）的，自然要采用各种方法有效融入乡镇（街道）的中心工作，但不能成为完成一般性行政工作的"新力量""新助手"，而是要通过自己的社会工作服务，利用专业的理念和手法，协助乡镇（街道）解决现实的难题，助力人民群众追求美好的生活，进而融入乡镇（街道）的中心工作。

第四，乡镇（街道）社工站工作人员的主要构成应该是专业的社会工作者。在当前阶段，由于社会工作专业人才的普遍欠缺，再加上薪资待遇有限、对未来发展前景的疑虑，社工站要招募到接受过系统社会工作训练的高校社会工作专业毕业生，或者通过助理社会工作师、中级社会工作师、高级社会工作师考试的持证社会工作者还比较困难，短期内也无法完全做到。但各地仍要努力地创造条件，朝着这样的方向前进。唯有如此，乡镇（街道）社工站才能逐步实现创设之目的，才能勇担使命、稳步发展、不负众望。否则，社会工作专业的服务优势就会受到各界的质疑，乡镇（街道）社工站存在的价值就会受到外界挑战，给社会工作整体的发展带来不利影响。在目前的过渡阶段，各地社工站招聘到的人员主要是非社会工作科班出身的、非专业的工作人员。因此，尤其要注重对非专业人员进行系统的训练和培训，使工作人员逐步从"辅助社会工作人员"的身份向"专业社会工作人员"的身份转变，从而提升其专业服务水平。

---

① 王思斌.坚持乡镇社工站建设的专业化和本地化［J］.中国社会工作，2021（34）：7.

第五，乡镇（街道）社工站是专业社会工作者实践专业使命和价值的重要平台。社工站既是开展社会工作服务的有力依托，也是社会工作者发挥聪明才智、实践专业理念、开展专业服务的有效载体，在推动社会工作扎根基层方面起着重要的作用。乡镇（街道）社工站是个平台，在具体运作时应该保持开放的态度，真正发挥平台的价值，实现服务的叠加效应。除了长期驻站的社会工作者及辅助人员、有关的机构外，其他的社会服务机构与社会工作者亦可以社工站为依托，在充分沟通与有效合作的基础上，实施其他各类契合实际的社会工作项目和服务。

图1-1　乡镇（街道）社工站的性质

## 二、乡镇（街道）社工站的职责

第一，政府行政层面的职责。

首先，从乡镇（街道）社工站的基本属性来看，目前各级民政部门推动乡镇（街道）社工站建设的初衷和具体目标，主要是想要补基层民政工作之短板，按规定做好社会救助、留守儿童关爱保护、特殊人群服务等直接服务工作，做好这些工作可以避免突破道德伦理底线问题的发生①。换句话来说，乡镇（街道）社工站需要紧密结合民政工作的属性和特征，充分发挥社会工作的优势，做好各类基础性的民生保障兜底工作，尤其是做好困难人群的服务工作，有效弥补过去民政工作的不足。这既是乡镇（街道）社工站基础性的职责，也是乡镇（街道）社工站安身立命之根本，同时也是乡镇（街道）社工站获得社会大众普遍认可的基本途径。

其次，从乡镇（街道）社工站的拓展属性来看，除了隶属于民政系统的服务，乡镇（街道）社工站亦可以根据现实的需要，主动与驻乡镇（街道）的其他单位合作，有效凝聚多方的力量与优势为人民群众服务，积极助力各类民生问题的解决，共同促进基层治理目标之有效实现。例如，与乡镇（街道）内的中小学合作，寻找适宜的学校社会工作介入模式，开展各类矫正性、预防性、发展性的社会工作实务；与乡镇（街道）的司法所合作，协助探索恰当的干预方案，开展各类型的针对社区矫正对象子女的关爱服务；与乡镇（街道）的卫生院/卫生服务中心合作，积极拓展医务社会工作，开展各类卫生保健社会服务工作服务，多方面提升人民群众的健康素养；与各乡村振兴重点村的驻村工作队合作，寻找彼此之间的契合点，进而发挥联动作用，助力乡村振兴目标的实现。

最后，从乡镇（街道）社工站的灵活属性来看：乡镇

---

① 王思斌.乡村振兴中乡村社会基础再生产与乡镇社工站的促进功能［J］.东岳论丛，2022，43（1）：169-175.

（街道）社工站亦需要结合当时当下的情境，在有关部门的领导和指导下，发挥社会工作的专业优势，参与其他各类适合社会工作者开展的工作。例如，在新冠疫情防控期间，乡镇（街道）社工站可以协助相关部门做好各类宣导性、排查性的工作，并对各类需要被关心和照顾的群体开展精准服务。

第二，服务对象层面的职责。

首先，从个人与家庭面来看，乡镇（街道）社工站的服务对象可能是某个具体的人，这个人面临各类治疗性、预防性、发展性的需求，社会工作者需要及时调动各类资源，运用适宜的方法开展服务，促进服务对象正常功能的恢复、潜能的发挥、能力的提升。乡镇（街道）社工站的服务对象亦可能是需要协助的具体家庭，这些家庭成员之间关系紧张，抑或家庭部分成员需要家庭动力的发挥等，这就需要社会工作有效介入。通过乡镇（街道）社工站的服务，扎牢社会中的家庭本位文化之根，使家庭成为流动性社会中保护农村社会的"港湾"和社会转型的"减震阀"[1]。概括而言，乡镇（街道）社工站需要通过各类面向个人和家庭的服务供给，以服务对象为中心，在力所能及的范围内，有效满足服务对象的各类现实性需要。

其次，从整体的社区面来看，乡镇（街道）社工站的服务对象亦可能是整个社区。针对整个社区面临的各类需求，乡镇（街道）社工站要坚持"以社区为本"的服务理

---

① 焦若水.家的复归与赋权：农村社会工作整合发展的文化基础［J］.甘肃社会科学，2021（2）：104–111.

念，为了社区而工作，也依靠社区而工作，进而有效整合社区内外部的服务资源，促进社区各类问题的解决，助力良性的社区治理目标之实现。在乡镇（街道）社工站所覆盖的服务范围内，相关的单位和组织，亦可能是乡镇（街道）社工站的服务对象。例如，针对一些农村老年协会运作不畅，未能有效发挥作用的现实，乡镇（街道）社工站可以将老年协会视为服务对象，采用多种渠道积极赋能老年协会，进而促进其发挥有效功能。乡镇（街道）社工站亦要作为政府与城乡居民有效沟通的桥梁和纽带，有效落实政府的各类社会政策，传递好政府的福利服务，及时反映社区居民的现实需求。

# 第三节
## 乡镇（街道）社工站的价值与意义

### 一、行政战略的实施层面

第一，乡镇（街道）社工站的设立，有助于增强基层民政系统的工作力量，提升基层民政工作的服务质量。从一定程度而言，"上面千条线，下面一根针"是当下基层工作的现实，基层的民政工作也同样如此。乡镇（街道）民政工作长期以来面临工作人员少而服务对象多，所需的服务内容多而服务能力弱等现实性的难题。乡镇（街道）社工站的广泛建立，将直接有助于增强基层民政系统的服务力量，有效缓解基层民政系统服务力量不足的压力，促进基层民政系统有更多人一起办事、办成事、办成好事。此外，专业社会工作者不断进入乡镇（街道）社工站，并遵循社会工作的专业知识、技巧与价值去开展服务，将会不断提升基层民政工作的服务质量和服务水平，改变过去基层民政工作"重管理，轻服务""重经济救助，轻多元服务"的现状，助力基层民政工作创新发展。

第二，乡镇（街道）社工站的设立，有助于乡村振兴战略在农村的深入推进。乡村振兴战略的总要求是产业兴旺、生态宜居、乡风文明、治理有效、生活富裕。在这5个方面，乡镇（街道）社工站皆可以发挥积极的作用。在产业兴旺方面，社会工作者可以积极借鉴"发展性社会工作"的服务理念，与相关单位一起探索适宜的产业发展模式。在生态宜居方面，社会工作者可以扮演友好环境营造者的角色，找到恰当的切入点，营造全民参与的良好氛围，与社区居民一起致力于生态环境的改善。在乡风文明方面，社会工作者可以扮演倡导者的角色，协助完善村规民约，多渠道、多层面推动良好乡风的养成。在治理有效方面，社会工作者可以有更多切实的行动，推动共建共治共享基层治理格局的形成，促进基层社区的善治。在生活富裕方面，社会工作者可以围绕共同富裕的目标，采取综合性的服务策略，积极助力农民创收增收。

第三，乡镇（街道）社工站的设立，有助于"国家治理体系和治理能力现代化"战略的深入推进。乡镇（街道）社工站的建设，将直接助力于党和政府的治理力量向下延伸，积极增强社区的治理力量。特别是当前，涵盖社区、社会组织、社会工作者、社会资源及社区自治组织联动的"五社联动"机制，已被越来越多的地方证明是有效的，有助于基层治理资源的系统整合，有助于提高基层治理的成效。乡镇（街道）社工站的建设，可以与"五社联动"机制有效结合，充分整合各方的治理优势。在具体的治理实践中，社会工作者可以运用"服务型治理"的理念，融治理于服务、供服务于治理，通过各类服务型的工作，把党和政府的温暖传递给广大的人民群众，提升他们的获得感和幸福感，进而实现积极的治理目标。乡镇（街道）社工站的建设，直接为"服务型治理"理念的实施提供了宝贵的契机。

## 二、服务对象的受益层面

社会工作的传统服务对象主要是各类困难人群。相对来说，农村是困难人群更普遍分布的区域。受交通、地理、经济、文化、教育、医疗等各类因素的综合影响，农村的相对贫困人口、身心障碍者、困境儿童、特殊困难家庭等各类困难群体多。而尚在快速推进的城市化浪潮，则使农村产生了大量的留守儿童、留守妇女、留守老人等群体，进一步加大了农村的各类社会服务需求。乡镇（街道）社工站建立以后，这些相对困难的人群将得到重点关注。驻站的社会工作者将从个体与家庭层面，为他们提供多元化的支持。一方面，驻站的社会工作者要协助做好民生兜底服务，有效地把党和政府的各项惠民政策与福利制度传递给他们，切实满足他们的各项基本需求，提高他们的政策获得感。另一方面，驻站的社会工作者也要运用社会工作的专业方法和理念，提供个别化、精细化的服务，有效链接各类资源，有力回应他们面临的各类现实生活需求，提升他们的生活幸福感。

除了传统意义上的各类困难人群之外，乡镇（街道）社工站的建设也将为一般的社会大众提供多元化的服务。社区工作是社会工作的三大基本服务方法之一，在当前"推进国家治理体系和治理能力现代化"的战略背景下，社区社会工作正在发挥着越来越重要的作用。在乡镇（街道）社工站建立以后，驻站社会工作者可以有效运用社区社会工作的专业方法，将社区视为一个发展的整体，坚持"以社区为本"的发展理念，系统整合社区内外部的各种资源，有效助力社区各类问题的解决，进而使广大居民从中受益。驻站社会工作者亦需要有效搭建居民参与基层社会治理的平台，积极发现并培养社区内的各类积极分子，并提升他们参与基层社会治理的意识，促进基层治理共同体的生成与发展，让社会发展成果不断惠及社会大众。

总的来说，乡镇（街道）社工站的建设，将逐步使得一大批具有专业服务理念、专业服务方法，带着具体服务目标的社会工作者，活跃在各类型的农村社区和城市社区。他们将与相关的政府部门、社区"两委"、社区自治组织、社会组织以及居民个体有效合作，为广大的社区居民尤其是各类困难人群，提供个体、家庭层面的个别化服务。他们也将积极拓展社会工作的服务对象，并有效运用社区社会工作等方法，不断为社会大众提供各类型的综合性服务，助力社区治理，促进社区良性发展。

### 三、社会工作的发展层面

从 20 世纪 80 年代末恢复重建以来，社会工作的发展取得了显著的成绩，无论是在政策领域、教育领域，还是在实务领域都有了很大的进步。在政策领域，发展社会工作不断被写入从中央到地方、从民政部门到其他相关部门出台的政策之中，从制度层面为社会工作的发展奠定了合法性基础。尤其是近年来，发展社会工作多次被写进国务院的政府工作报告，得到社会各界的高度肯定。在教育领域，社会工作专业已建构了涵盖专科、本科、硕士、博士，涵盖全日制、非全日制的相对完善的教育体系，源源不断为社会工作行业培养着大批的专业人才。在实务领域，截至 2022 年 4 月，全国持证社会工作者已有 73.7 万人，注册的社会工作机构超过 1.5 万家，并且数量还处于快速增长阶段。社会工作者奋战在各条战线，为广大的城乡居民提供着各种各样的服务。2022 年，全国更是约有 89 万人报考了社会工作者职业资格考试，再创历史新高，让这项考试持续"火"了起来。

　　然而不容否认的是，社会工作的发展与社会各界的预期仍有一定差距。从社会工作者的地域分布来看，社会工作者主要集中于城市地区，在广大的农村地区则非常不足。从社会工作的发展态势上看，东部沿海地区发展迅速，而中西部地区发展则相对滞后。两相叠加，中西部农村地区已明显成为社会工作发展的"洼地"。在中西部地区，由于缺乏实体化的依托平台，社会工作的发展往往停留在宏观的"倡导、论证、讨论"阶段，只是零星地以项目制的形式在各地实施，未能充分实现落地生根的目标。因此，乡镇（街道）社工站的建设，于社会工作专业的发展而言具有多方面的价值和意义。首先，壮大了社会工作专业的人才队伍，为相关人员提供了新的就业渠道和发展机会。按照民政部"十四五"期间基本完成乡镇（街道）社工站全覆盖目标的部署，乡镇（街道）社工站有望像乡镇卫生院或街道卫生服务中心一样，分布在全国的每一个乡镇（街道），成为基层社会不可或缺的服务主体之一。截至 2020 年底，全国共有乡级行政单位 38741 个，按照每个乡镇（街道）社工站配备 3 名社会工作者来测算，乡镇（街道）社工站全面建成后将有近 12 万名社会工作者在城乡一线开展社会工作服务。其次，乡镇（街道）社工站深入农村、扎根社区的模式，有助于社会工作中国化的积极推进。中外的社会工作发展有不同的制度、文化与社会环境，乡镇（街道）社工站的建设可以为社会工作中国化的发展提供绝佳的实践样本。伴随着乡镇（街道）社工站的深入推进，一批有效融合中国优秀传统文化与本土地方性知识的社会工作实务智慧将不断诞生，进而为社会工作的进一步发展提供更多学理和经验支撑。

表 1–1 乡镇（街道）社工站的价值与意义

| 行政战略的实施层面 | ◇ 增强基层民政工作<br>◇ 协助乡村振兴工作<br>◇ 助力国家治理工作 |
|---|---|
| 服务对象的受益层面 | ◇ 兜底困难群体服务<br>◇ 多元大众化服务 |
| 社会工作的发展层面 | ◇ 壮大社会工作专业人才队伍<br>◇ 发展本土社会工作 |

综合而言，乡镇（街道）社工站的建设是 20 世纪 80 年代社会工作专业恢复重建以来，社会工作领域非常重要的标志性事件之一。乡镇（街道）社工站全覆盖、成体系的建设，将使得社会工作第一次真正全面、深入地融入政府相关部门的工作体系，第一次有望真正全面、深入地走进千家万户，成为助力广大人民群众追求美好生活的好帮手，第一次真正实现在中国大地上的全面落地生根。

# 第二章

# 乡镇（街道）社工站的规划与运营

　　乡镇（街道）社工站建设是乡村振兴战略实施的重要组成部分，是社会工作事业发展中的新事物。作为连接政府与居民的桥梁和纽带，社工站在回应居民需求、开展专业服务、协同社会治理等方面能够发挥积极作用，对推进政府治理体系和治理能力现代化具有重大意义。本章从如何定位与建设社会工作服务体系、如何设计社工站空间、如何参与政府购买服务三个方面对乡镇（街道）社工站的规划与运营进行介绍，以规范社工站内部治理结构，完善服务体系，提升专业服务水平和项目承接能力。

# 第一节
## 如何定位与建设四级社会工作服务体系

乡镇（街道）社工站是新时期我国农村社会工作特别是乡村振兴战略实施中的重要内容，也是社会工作事业发展中的新事物，必须统筹县（市、区）—乡镇（街道）—村（社区）三级社会工作服务体系建设，明确不同层级社工站建设的定位，构建综合服务体系，才能真正起到上下左右四方联动的效应，显现社会工作对基层治理体系与治理能力现代化的人才和专业支撑功能。考虑到目前我国社会工作发展的实际，市级党委政府及其相关部门在乡镇（街道）社工站建设中具有重要的作用，本书将市级社会工作服务指导中心的定位与职责也纳入其中，期望读者能对社工站体系建设有更为完整的理解。

### 一、市级社会工作服务指导中心的定位与职责

市级民政部门要在省级民政部门的指导下成立市级社会工作服务指导中心，统筹开展以下工作，指导县（市、区）社工站建设。

一是统筹负责社工站建设的经费，从社会救助工作经费或专项经费、福彩公益金、财政资金中安排资金，专项用于支持本区域内乡镇（街道）社工站服务项目实施。

二是统筹制订县（市、区）社工站建设年度实施计划，

对政府购买服务协议和人员招聘方案进行备案管理，对县（市、区）项目实施情况进行督查考核，向省级民政部门提交项目实施报告。

三是统筹推进探索制定社工站等级评估标准，对社工站的基本条件、内部管理、人员保障、服务能力、服务绩效、社会影响等制定细化标准。

四是开展社会工作督导培训工作。依托高校专家学者、高级社工师、本土督导等优秀人才资源，建立市、县、乡（街）三级机构社会工作督导、培训体系，市、县两级分别确保驻站社会工作者每年接受专业督导不少于 12 小时和 24 小时，专业培训不少于 20 小时和 40 小时。根据实际情况，统筹推进一线社会工作者、专业督导和领军人才的社会工作人才队伍建设。

五是加强县（市、区）社工站监管。统筹社工站各类服务项目执行进度、项目指标完成情况；协调掌握资金拨付进度，监管项目资金使用情况；掌握机构运转状况特别是内部管理情况，杜绝出现项目指标不能完成、机构负责人违规使用资金、员工薪酬待遇无法落实等重大问题的发生。

## 二、县级社工站的定位与职责

县级民政部门要按照省（区、市）要求，建立县级社工站，统筹各乡镇（街道）社会工作资源，协调推进辖区社会工作建设工作。

一是围绕县（市、区）实际工作需要和资金情况，制订社工站项目年度实施计划，统筹实施本区域内社工站项目，在项目招标和服务购买中主动接受纪检、人社等相关部门监督，严格按照国家相关程序做好承接主体、招标文件、服务协议的法律审查工作。为了保证服务的连续性和专业性有效结合，建议根据实际情况，签订 1～3 年一个周期的服务协议，周期内项目合同实行一年一签，年度末期评估合格的续签合同，不合格的不予续签，并按照政府采购流程重新确定项目承接机构。协调督促乡镇（街道）为社工站提供必要的办公场地和设施设备，指导乡镇（街道）与社会工作机构共同制订社工站项目年度实施计划，每季度向省（区、市）民政部门提交项目实施情况报告。

二是依法依规与承接主体签订政府购买服务协议，加强对承接主体的资金监管和服务监管，指导承接机构制订人员招聘方案并报上级民政部门备案，指导承接机构公开、公正、公平组织招聘工作，督促其与驻站社工签订劳动合同，按月发放薪酬并办理相应的保险，指导其加强人事档案管理。项目经费一般包含人员薪酬、活动开展和机构管理经费，其中专职社会工作者年薪酬待遇一般不低于上年度当地全口径城镇单位就业人员年平均工资的 1.2 倍，人员经费不低于项目总经费的 70％，活动管理经费占项目总经费的 30％。按月发放薪酬并办理"五险一金"，加强人事档案管理。

三是根据各乡镇（街道）实际情况，协调明确社会事务办（民政站所）与乡镇（街道）社工站的职责边界，协调整合民政系统村（社区）服务中心、儿童关爱之家、残疾人之家、精神障碍社区康复服务点、养老服务机构等基层服务场所、设施设备、服务队伍，形成合力效应，避免将民政部门本身承担的行政管理性事项转移到社工站。

四是统筹推动区域内社会工作事业发展，指导社工站立足"社会救助、养老服务、儿童关爱、社区治理"等领域开展社会工作专业服务，扎实提高服务成效。同时，以社会治理创新和基层群众迫切需求为导向，积极推动社会工作宣传教育，紧密与政法、教育、公安、民政、司法行政、人力资源社会保障、卫生健康、退役军人事务、应急、信访、工会、共青团、妇联、残联等部门沟通协调，根据其职能和服务需求，推动社会工作岗位开发，推进社会工作专业人才培养、使用和政府购买服务项目的拓展，推动社会工作服务从兜底性服务向助力村民增收、引导乡风文明、参与乡村治理等领域拓展。

五是推动各乡镇（街道）社工站承接机构和社会工作者通过联席会议等方式，加强社会工作者之间的同伴督导。通过每月定期牵头召开项目例会等方式，搭建民政部门服务力量、乡镇（街道）政府、社工机构和社会工作者交流沟通平台，解决项目具体实施和执行中碰到的疑点、难点，通过"线上＋线下"的方式，对各乡镇（街道）社工站进行督导、评估、继续教育，及时了解项目实施的进度、项目财务收支情况、服务对象满意度等内容，增强社会工作人才队伍的凝聚力与专业服务水平。

县级社工站在整个社会工作体系中扮演着非常重要的角色，发挥着统筹全县乡镇（街道）社工站的建设、服务方向、服务周期和工作重点策划等职能，是社工站建设承上启下的关键环节，是社工站建设能落地推进的核心。特别需要强调的是，虽然县级社工站有管理监督的角色要求，但一定要在合法合规的情况下，要更多发挥孵化、支持、服务的功能，有效指导和帮助社会工作者在整体"县域规划"中找准定位，深度参与，推动社会工作发展规划和其他相关规划的衔接和互动，对乡镇（街道）—村（社区）和县域中的社会工作机构"扶上马、送一程"，着力营造支持性和鼓励性的发展环境，避免相关部门过度或不恰当的行政干预，比如将社会工作者（机构）当作民政部门聘用的临时工，大量派发毫无关联的行政任务，导致社会工作者（机构）无法将时间和精力投入本职工作中，进而影响基层社工站平台建设的进程、成效和质量。

### 三、乡镇（街道）社工站的定位与职责

乡镇（街道）社工站是社会工作服务体系中最为核心的主体，它们是面向社区和居民提供社会工作服务的平台，是基层社会工作人才发展的平台、社会工作服务资源整合的平台、社会治理服务协同参与的平台，在整个体系中发挥着重要作用。社会工作机构要避免在购买服务的契约关系中被基层乡镇和民政部门的工作任务锁定。而是要从实际出发，主动研究和对接乡镇（街道）社工站所在地区党委、政府的中心工作，在基层治理体系中寻找社会工作可以介入的空间，特别要结合自治、法治、德治中基层社会普遍存在的短板、弱项甚至空白点，凸显社会工作的建设性作用，让乡镇（街道）党政部门关注、重视和支持社会工作。

一是立足乡镇（街道）实际情况，分类规划乡镇（街道）社工站建设和服务的模式。从服务提供来看，不同地区对乡镇（街道）社工站的定位有一定区别，湖南乡镇（街道）

社工站的定位是服务"社会救助、养老服务、儿童关爱、社区治理"四大领域，广东"双百工程"则是"个案救助与社区共治齐头并进"的实务模式，专业个案救助包括兜底性民生保障的物质救助和社会心理支持与陪伴的精神救助，社区共治包括社区组织与能力建设，与社区民众共同打造公共治理、生计发展、社会互助、文化认同、环境友好的"五位一体"可持续发展的美好社区幸福生活。浙江海宁按照"123X"的模式设置服务项目，即"1"个核心项目——强化党管社会工作人才服务，"2"个品牌项目——突出打造具有区域特色的专业社会工作服务品牌和社区治理品牌各1个，"3"个基础项目——夯实困难家庭、孤寡老年人、困境儿童社会工作服务，"X"个自选项目——鼓励各乡镇（街道）根据实际情况，确定重点服务对象和重点服务内容，探索拓展多领域的社会工作服务。各地虽然在政策设计上存在差异，但是也有许多共同点。一是困难家庭、孤寡老人、困境儿童、残疾人及流动人口、问题青少年和其他特殊困难群体，始终都是乡镇（街道）社工站服务的核心人群；二是各地实践均以满足人民群众服务需求为导向，践行让人民群众获得更多实惠、更多温暖关怀为使命和要求，提供专业化、精准化、精细化的社会工作服务。

二是整合资源，统筹开展社会工作专业服务。从社会工作服务资源整合来看，乡镇（街道）社工站一方面要指导辖区内项目承接机构为统筹开展辖区内社会工作项目信息发布、立项、督导、评估服务；另一方面要联动民政协理员、社会救助经办人员、儿童督导员和儿童主任等民政部门服务力量，推进社区微治理服务。从社会治理参与来看，乡镇（街道）社工站要强化资源整合意识，加强司法、人力资源社会保障等政府部门和当地工会、团委、妇联、残联等群团组织基层服务力量的合作，主动将乡镇（街道）社工站融入上级政府在市域治理、县域经济建设（发展）等宏观、中观层面的工作中去谋篇布局。在新时代文明实践中心、社会心理服务体系建设等乡镇（街道）普遍面临挑战的新领域，体现社会工作的专业效能，让乡镇（街道）感受到社工站能为其分忧解难，共同推动社会工作服务资源整合。

三是激发参与，协同志愿服务与公益慈善一起共同参与基层社会治理。在城镇化、老龄化等多重因素的影响下，乡镇的公共服务与治理正在发生着深刻变化，突出体现在人口流动导致留守人群的关爱服务需求以及由此引发的次生问题。第七次全国人口普查数据显示，全国乡村中60岁及以上老人的比重达23.81%。满足数量庞大的农村老年人口的健康管理、疾病预防、健康体检等需求，仅靠乡镇公共卫生资源远远不够，而农村老年人存在的精神文化生活匮乏、文化娱乐设施不足等问题，更是需要乡镇（街道）社工站与敬老院等机构协同解决。乡镇中的小学生也是乡镇（街道）社工站的重要服务对象，该群体中普遍存在留守与隔代抚养问题，由社会工作者与教师共同进行的服务干预以及延伸到家庭的亲子教育是刚需。乡村振兴推进过程中的农民合作社、家庭农场培育等服务，既是农民关注的核心生计问题，又是乡镇工作要开拓的新课题，社会工作者能在组织孵化、能力建设、经验引介等方面提供诸多帮助。乡镇（街道）社工站要在"五社联动"理念的指引下，与当地社区社会组织、公益慈善组织、志愿者和企事业单位等共同开展服务，充分与当地党员、教师、民警、医生合作，组成跨专业合作团队开展服务。乡镇（街道）社工站应立足民政而不限于民政，社会工作者要注重发挥使能者、协调者、管理者、教育者、评估者、协商者、倡导者、代理人等角色的作用，嵌入并逐渐变成协调各部门推动乡镇治理体系与治理能力提升"一揽子计划"的制订者和实施者，更好地发挥社会工作专业效能。

四是积极推进社会工作宣传教育，培养农村社会工作人才。乡镇（街道）社工站将社会工作宣传教育作为重要工作内容，既是在贯彻落实国家社会工作人才队伍建设要求，带动乡镇（街道）慈善志愿等社会服务力量参与社会建设，也是在扩大社会工作在乡镇（街道）的人力资源，改善专业支持生态。乡镇（街道）社工站要利用村（居）民能够理解、易于接受的方式，大力宣传社会工作，让村（居）民认识和接纳社会工作，逐渐形成"有困难去社区找社工"的求助意识。乡镇（街道）社工站要积极为属地社会工作者提供能力提升、继续教育、资源对接等服务，为乡镇（街道）、村（社区）培育社会工作人才和居民骨干；要将社会工作专业理念与方法通过普及宣传教育，有效融入乡镇（街道）干部、村（社区）"两委"成员、村（居）民小组骨干的培训当中，推动农村基层社会管理与服务人员的能力建设。

总之，在乡镇（街道）社工站现有人力资源配置下，社会工作者既要认真做好一线的直接服务工作，又要主动将乡镇（街道）社工站建设放在国家基层治理体系与治

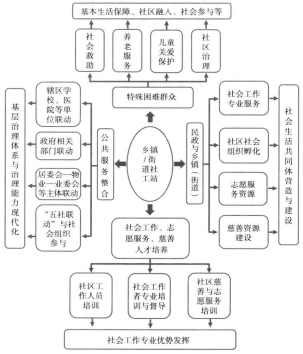

**图 2-1　乡镇（街道）社工站服务框架图**

理能力现代化建设的整体布局中去推动和发展，积极扮演行动者、协调者、监督者、倡导者、计划者等角色，为乡镇（街道）社工站落地生根，构建良好的社会支持网络，提升社会关联和适应能力，在更多领域发挥作用创造新的发展空间①。

---

① 焦若水.乡镇社工站建设的生态系统思维［J］.中国社会工作，2022（7上）.

## 四、村（社区）社会工作服务室

村（社区）社会工作服务室是乡镇（街道）社工站体系中最基层的一级，是体现社会工作面向最基层的民众、运用民众最容易接受的方法开展服务的第一线，一般依托城乡社区党群服务中心建设。

村（社区）社会服务工作室具体负责社会救助、养老服务、儿童关爱、残障服务、社会组织服务、社区发展治理等领域的服务工作，收集群众诉求，开展社会工作专业服务；对政府救助后仍有困难或政府救助政策无法覆盖的低保及低收入困难人群、特殊困难老年人、散居孤儿、困境儿童、留守儿童、困难残疾人、生活无着落的流浪乞讨人员等民政服务对象以及其他困难群众，通过链接社会资源等方式实施关爱援助服务；发展社区志愿者队伍，开展慈善活动等。

表 2-1　中国村（居）委会变迁趋势分析（2006—2020 年）

（单位：个）

| 年份 | 2006 | 2007 | 2008 | 2009 | 2010 | 2011 | 2012 | 2013 |
|------|------|------|------|------|------|------|------|------|
| 居委会 | 80717 | 82006 | 83413 | 84689 | 87057 | 89480 | 91153 | 94620 |
| 村委会 | 623669 | 612709 | 604285 | 599078 | 594658 | 589653 | 588475 | 588547 |
| 年份 | 2014 | 2015 | 2016 | 2017 | 2018 | 2019 | 2020 | |
| 居委会 | 96693 | 10 万 | 10.3 万 | 10.6 万 | 10.8 万 | 11 万 | 11.3 万 | |
| 村委会 | 58.5 万 | 58.1 万 | 55.9 万 | 55.4 万 | 54.2 万 | 53.3 万 | 50.2 万 | |

乡镇（街道）社工站与村（社区）社会工作室的建设离不开对城镇化背景的考量，乡镇（街道）是社工站建设的中枢，但在城镇化进程中，农村社会普遍面临人口流出

和服务半径扩大的问题，社会工作者既需要以乡镇（街道）为中心提供服务，又要以乡镇（街道）为中心向半径平均3~100千米的各村（社区）提供服务，社会工作者需要和乡镇（街道）、村（社区）共同对民政对象或边缘困难群体进行精准识别与评估，摸清各村（社区）基本情况并分析村（社区）问题与资产优势，形成行动研究报告，才能制订切实可行的乡镇（街道）社工站服务计划。

需要指出的是，除了县（区）—乡镇（街道）—村（社区）三级社会工作服务体系和市级党委、政府及其他相关部门外，省级民政部门在社工站建设中发挥着至关重要的作用。社工站建设的整体实施方案和相关配套工作方案、管理办法和服务标准等都需要省级民政部门结合省情制定；社会救助工作经费或专项经费、福彩公益金、财政资金的拨付与使用，都需要省级民政部门出面协调与出台政策；不仅如此，省级民政部门还要对各级政府相关人员进行社会工作知识普及，大力推动社会工作宣传，为各级社工站提供业务培训和督导服务，牵头建立综合性评审督导机制，对项目实施情况和资金管理情况进行监督检查，统筹开展绩效评估。

总之，县（区）—乡镇（街道）—村（社区）三级社会工作服务体系建设的推进，是一个长期的系统性工作，在推进进程中必然牵扯到分类分阶段建设的问题。

一是把握好分类分阶段推进建设的策略。对基层民政力量严重不足、基础工作薄弱的乡镇（街道），社工站建设的重点是与乡镇（街道）民政干部共同完成低保及低收入困难人群、特殊困难老年人、困境儿童、困难残疾人、生活无着落的流浪乞讨人员等民政服务对象以及其他困难群众的调查评估工作，摸清底数，熟悉服务对象和相关政策资源，与乡镇（街道）民政干部共同学习、探索、提升日常管理水平，规范流程，严格制度，为下一阶段社会工作服务升级奠定基础。对于基础工作条件较好，基层民政力量与能力较强的乡镇（街道），社工站建设的重点是选择重点领域和主要民政服务对象开展专业服务，在乡镇（街道）建立起以社工站为载体的民政公共服务平台，真正让服务对象和购买主体感受到社会工作服务的专业性、有效性。对于基础工作非常扎实、基层民政力量比较充足的乡镇（街道），社工站建设的重点是从基层治理体系与治理能力现代化建设的角度，与乡镇（街道）共同谋划，围绕民政服务对象、困难群众和基层民政服务单位关切的主要问题，共同确定主要服务方向，推动社会工作服务高水平、高质量发展。

二是要特别注意防止两个倾向。第一是处理好乡镇（街道）民政办（所）与社工站的职责边界。当前社工站的主要任务是协助乡镇（街道）民政办（所）加强民政基础工作，但从长远来看，其主要任务和功能是开展社会工作专业服务。各地需要根据实际情况，通过短、中、长期策略，尽快实现社工站专业服务转型提升。第二是要处理好社工站和乡镇（街道）政府的关系，社工站服务开展要围绕乡镇（街道）党政中心工作展开，要避免乡镇（街道）将社会工作者视为购买的临时工作人员，在各科室随意借调使用，让他们从事大量与社会工作无关的工作。

我们讲县（区）—乡镇（街道）—村（社区）三级社会工作服务体系建设，只是为了在层次上表述得更清晰，实际上乡镇（街道）社工站的建设不仅应该打破行政区划的隐形壁垒，更要摒弃各自为政、不相往来的行业现状，建立起不同层次、不同区域、不同站点之间的互访互学机制，搭建不同形式、不同议题的交流平台，彼此支持、相互学习，并以此形成合力，破解发展难题，走出行业困境，在此过程中形成各自的侧重方向和发展特色，并共同破解服务中的具体难题，形成专业发展的共性经验[①]。例如，云南的社工站充分利用返乡青年培育和孵化基层社会工作机构的实践，为我们展现了统筹城乡社会工作资源推进社会工作发展的潜能。河南、山东等地的社工站则通过线上论坛、专题研讨会等方式，在社工站之间建立起开放、互助、共享的学习网络，分享行业发展信息、实务案例、理论研究成果，在社工站自身建设上真正体现助人自助的理念，起到了很好的作用。

2013 年至今，云南连心社区照顾服务中心作为服务支持性机构，通过以下方法，共支持了近 100 名大学毕业生在自己的家乡从事社会工作服务。

一是在当地各村寨盘活公共场地资源，建立村寨社区社工站点。通过聘请专兼职返乡在乡青年社会工作者入驻站点，采用与村民同吃、同住、同劳动的工作模式，面向村庄人群特别是困难人群提供专业的陪伴与援助等服务，并充分挖掘和培养村寨骨干力量，协助重建村寨互助照顾系统。

---

① 卢磊.以理性精神推动基层社工平台建设［N］.公益时报，2021-03-02（15）.

二是针对少数民族地区的乡村普遍面临着传统优秀村寨治理经验及文化传承断层的问题。有意识地推动返乡在乡青年社会工作者向当地非遗传承人及村寨能人或长者学习，通过互访交流、专题研讨、小额项目资助等方式，提升青年社会工作者的文化敏锐度和以文化资产协同解决社区问题的能力。例如在哈尼族、壮族、傣族等村寨，保护得非常好的"竜林"充分体现了少数民族群众与自然和谐共生的生态观。社会工作者通过邀请老人给青少年讲故事、举办自然体验活动等方式，有效传递良好的生态观，弥补了在大量青年外出务工情况下村寨隔代教育缺陷和文化传承的不足。

三是协同打通为民服务的"最后一米"。支持当地社会工作者与村委会及社区组织形成"三社联动"机制，并运用社会工作专业的需求评估、个案管理、社区组织培育、资源链接等方法，协助当地政府和村委会精准把握村民需求，形成有针对性的介入方案，大大提升了服务的精准性和有效性。例如，本地社会工作者通过与民政社会救助协理员和经办员建立定期联系，了解到村寨中听障儿童、心智障碍儿童、事实孤儿等困境儿童存在服务需求，便通过走访评估，引入外部资助资源，或转介给专业服务机构等方式方法，为困境儿童提供进一步的专业服务。

四是支持返乡在乡青年社会工作者培育村寨社区社会组织，协同村寨社区治理。社会工作者通过挖掘村民骨干，培养村寨服务能人，培育文艺队、老年协会等社区社会组织，协助村委会、村小组召开各类协商议事会，促进村民共识的形成，提升村民参与公共事务的意愿和能力，推动了基层社会治理的理念创新和实践创新。在有些没有活动中心的村寨，返乡在乡青年社会工作者通过推动社区协商、引入外部资源、链接政府补助等方式，激励村民无偿捐赠土地使用权、主动投工投劳，共同完成了村庄公共活动场所的建设，减轻了政府资金投入的负担，也让村民在参与村庄建设过程中提升了主人翁意识，达到共建共治共享的治理成果[①]。

---

① 兰树记.培养返乡在乡青年成为乡村社工人才 [J].中国社会工作，2021（13）：12.

## 第二节
# 如何设计乡镇（街道）社工站空间

### 一、社工站建设的选点

广东"双百工程"将"落在村居、问题导向、方便群众"作为社工站的选点原则[①]，具体从人口结构、人口分布、地域因素等多角度分析选择合理的驻点位置。"双百"社工站建站初期并不是立即确定站点位置，一般来说，从社工站成立到确定驻点位置，需要一个月的时间。其间社会工作者借助当地行政力量，通过镇（街）介绍与社会工作者协助民政工作两种方式获得各村（居）基本情况，了解困难群众和特殊群体的分布情况与基本信息，了解村（居）民日常生活公共空间，了解当地乡镇政府以及民政部门的办公场所分布情况，在服务选点上优先考虑本乡镇（街道）困难人群较为集中，农村社区居民特别是老弱病残群体方便到达的地方。许多地区的社工站建设都采取因地制宜的原则，有的将社工站设在乡镇（街道）党群服务中心，有的设在乡镇政府驻地村，有的则直接设在村（社区）活动中心、易地搬迁社区、古村落等。

在过去的 15 年间，我国乡镇级政府减少了 5507 个，

---

[①] 张和清，廖其能，等.从群众中来到群众中去——"双百"社会工作概论［M］.北京：中国社会出版社，2021：10.

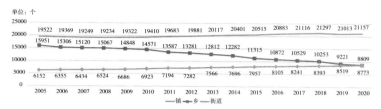

**图 2-2　中国乡镇（街道）变迁趋势分析（2005—2020 年）**

平均每天都有一个乡镇（街道）消失，这意味着乡镇（街道）平均覆盖的服务半径大大扩大，乡镇（街道）社工站在提供服务时必须充分考虑空间因素以及由此带来的交通和时间等成本问题，考虑乡镇（街道）人口数量和地域面积。有些中西部地区甚至采用流动社工站的方式，面向牧民提供服务。

## 二、社工站空间的设计与布局

### （一）硬件设置

服务站点要配备必需的办公场地和设施设备。一般建议社工站室内可用场地面积不少于 80 平方米，包括能满足开展社会工作服务活动的个案工作室、小组活动室、多功能室、社会工作者办公室、存放档案的空间等，其中公共活动空间需要特别注意配备消防安全设施，水、电、暖、无障碍厕所、扶手、防撞角等配套和安全防护设施得当，有条件的地方应该尽量做好小组活动室等居民使用率较高区域的防滑改造工作，在显眼位置张贴场地指引及逃生路线图。室内活动空间充分考虑老年人、儿童、青少年、女性、残疾人等服务对象的特点与需求。在社工站的选址上，最好选择位于乡镇（街道）较为醒目的主干道路或者当地居民较为熟悉的公共建筑附近，社工站内要配备办公桌椅、电脑、打印机、档案柜、相应的文具用品等；有条件的乡镇（街道）要根据服务需求设立专门的个案咨询室、小组活动室等活动场所。

（二）空间布局

社工站墙面要有合理的组织架构和内部责任分工图；有规范的运行流程和标准图，有人力资源管理、财务管理、志愿者管理、服务场所使用管理以及文书档案管理等制度；有服务文书档案、服务对象数据库、服务承诺等样本或资料库。

可以同时悬挂中国社会工作和志愿服务标识，墙面一般有驻站社会工作者的姓名、照片、联系方式等，在空间允许的情况下，墙面还可以用软木、墙毯、白板等方便粘贴的材料进行简单装饰。在社工站运行的时候，这些装饰空间可用于张贴服务对象活动的照片、居民创作的书画作品、居民服务的心愿清单等能够充分体现社会工作专业元素的宣传资料，室外可以有社工站开展活动的布告栏等。

图 2-3　甘肃省天祝藏族自治县安远镇社工站外观与内部样本示意图

（三）统一标识

采用户外挂牌和室内挂牌两种形式，在显著位置挂社工站标牌，标牌格式：××县（市、区）××乡镇（街道）社会工作服务站。建立社工站相应的场地管理制度，对场地的使用、管理与维护有清晰简明的规定。

（四）人员配备

根据协议及时、足额配备驻站社会工作者（一般要求配备全职的社会工作者2~3名，部分地区根据实际情况，配备人数可以增加），明确驻站社会工作者为社工站这一服务承接主体（主要指社会组织）聘用的工作人员。各省份一般对驻站社会工作者要求年龄40岁以下，大专及以上学历，专业不限，具有社会工作专业资质者优先，同等条件下本地户籍人员优先。社会工作专业资质指社会工作及其相关专业毕业，或持有全国社会工作者职业水平证书。

## 三、社工站共享乡镇（街道）公共空间

公共空间或公共服务阵地是依托现有公共场所或服务资源打造而来，是社会工作者进行专业实务工作的载体，更是社区群众自助与互助的载体。公共空间还是社会工作者开展活动、聚起人气的阵地。社会工作者的专业服务必不可缺的基础条件之一就是活动场地，社会工作者借助公共服务阵地开展专业社区活动或小组活动，提供专业服务，活跃社区氛围，聚起社区人气，展现社会工作不可替代的专业性。

一是共享和使用已有公共空间。即充分利用乡镇（街道）、村（社区）的村务/政务服务大厅、新时代文明实践中心、慈善超市等场地，一方面可以缩短村（居）民认识和接受社会工作者的时间成本；另一方面可以共享办公设备，方便与乡镇（街道）、村（社区）"两委"工作人员的咨询合作。社工站需要比较好的个案会谈室，方便开展一对一的辅导与咨询工作，为了保护个案咨询的私密性，空间最好选取较为安静的封闭空间。为了避免咨询过程中可能的伦理风险和纠纷，选择个案工作室的时候也不能远离公共空间，有条件的地方可以选择有摄像头的房间，或者进行辅导时由两位不同性别的社会工作者同时开展。

二是挖掘利用闲置公共空间。由于乡镇（街道）中众多村庄（社区）较为分散，社工站难免距离部分群众较远，这就需要充分利用村居闲置资源，拉近社会工作者与群众的空间距离。社会工作者可以在走访服务对象的过程中，与各方面共同盘点闲置的学校、祠堂、粮仓、文化站、卫生站或废弃房屋，在充分评估安全性和可行性后，将其开辟为老年人文娱活动中心、日间照料中心、青少年课外活动中心、女性的手工或文娱活动空间。在公共空间塑造过程中，社会工作者可以通过对接项目或通过连接社会组织或通过义卖获得资金支持，带领村（居）民志愿者重新修缮布置闲置场所，在互助合作中激发村（居）民的主人翁精神和社区关怀意识。公共空间命名、公共空间规则制定等，最好都是在社会工作者协助下由村（居）民自己主导进行，以持续增强村（居）民的主人翁意识和社区归属感。

三是拓展社会工作服务的场所与范围。乡镇（街道）、村（社区）的学校、医院、福利院、养老院等都是社会工作者可以链接和合作的重要资源，也是延伸社会工作服务，推动社会工作在乡镇（街道）—村（社区）形成政策共同体和行动共同体的重要载体。如有些地区的社会工作者和当地中小学开展留守儿童的教育服务，通过搭建家校合作、高低年级学生互助等平台，获得当地学校的大力支持。社会工作者还和班主任联合进行行动干预和实践研究，发表学校社会工作论文，极大激发了当地学校老师参与学校社会工作的热情。

将公共空间的活动所得回馈社区，激活社区群众的公益精神和传统邻里情谊，提高他们对社区民政对象与困难群体的关注，提升社区群众的主人翁意识与社会责任感，由此借助公共空间形成自助与互助的局面，实现专业服务的落地生根，造福社群。

# 第三节
## 如何参与政府购买服务

### 一、透彻理解政府购买服务的政策背景与理念

虽然公众与基层政府对政府购买服务可能并不充分了解，但是如果将政府购买服务视为自从有国家和政府以来，政府就必须从其他主体购买商品、设备等一样，那么我们就不应将政府购买服务特别是社会服务视为禁区。政府购买服务是指各级国家机关将属于自身职责范围且适合通过市场化方式提供的服务事项，按照政府采购的方式和程序，交由符合条件的服务供应商承担，并根据服务数量和质量等指标向其支付费用的行为。实际上，购买社会服务（Social Service）是现代工业社会的制度性产物，是现代国家为了应对社会需求、化解社会矛盾、解决社会问题、维护社会稳定、推进现代化进程而诞生的。必须在政府公共服务和市场化营利服务之外，购买由专门的社会组织和专业人才队伍提供的非政府性、非营利性服务。这些服务具有其他服务所不具有的专业性、非营利性、以人为本等基本属性。虽然自 2012 年以来，中央财政每年投入 2 亿元以上支持社会组织参与社会服务，但是我国政府购买服务特别是购买社会服务的体量和类别，与采购商品和设备等其他政府购买项目相比相对小多了。从某种角度来说，这也

是我国社会主要矛盾即人民日益增长的美好生活需要和不平衡不充分的发展之间的矛盾在公共服务领域的体现。

我国东部发达地区早在 20 世纪 90 年代就积极开始探索政府购买服务创新，特别是以上海、深圳等地为代表，经过 30 多年的实践，已经在政府购买服务上探索形成了一套比较完整的政策体系。

1995 年，上海浦东新区率先尝试政府购买公共服务，这是新时期我国最早探索政府购买社会服务的范例。2009 年以来，上海市大规模推动政府购买社会服务实践，以上海市民政局统筹推进的公益招投标项目为例，截至 2015 年底，上海市、区两级福彩公益金累计使用 4.4 亿元资助社会组织开展公益服务，累计有 1000 余家社会组织注册申报公益招投标项目。同时，上海市委政法委、司法系统也较早引入社会服务组织参与禁毒、司法矫正、青少年服务等。2014 年底"创新社会治理、加强基层建设"文件出台之后，上海市政府购买社会服务特别是基层政府的购买力度空前加大，并呈现出以下特点：（1）资金来源多元化（公共财政、福彩公益金等）；（2）服务领域全面化（涵盖民政、禁毒、司法、扶贫、妇联、医务、精神健康等领域）；（3）定向委托（隶属关系）与非定向委托（契约关系）相结合；（4）注重引入独立第三方评估机制；（5）购买主体碎片化［市（区）、乡镇（街道）两级的民政、司法、政法、残联、教育、妇联等部门都能自主成为购买主体］。

2007 年广东省委出台加强社会建设"1+7 文件"后，深圳市率先出台了社会工作发展的"1+7 文件"，为政府向社会服务机构购买服务奠定了重要制度基础。自 2007 年开始，深圳市探索政府向社会工作服务机构购买社会工作岗位进入民政系统开展专业服务，并于 2009 年开始在全市推开岗位购买模式（当时每个岗位每年的经费是 7 万元左右，目前提至 9.3 万元）；2011 年开始试点运营社区服务中心，2015 年社区服务中心达到了 700 家，由 70 多家专业民办社会工作服务机构承接，市、区两级福彩公益金资助。深圳市政府购买社会服务形成了岗位购买、社区服务中心、专项项目购买相结合的实践模式，主要呈现出以下特点：（1）资金投入基数大（以每个社区服务中心每年 50 万元为例，每年约投入 3.5 亿元，加上岗位、项目购买，每年购买投入的资金基数较大）；（2）服务领域全面化（覆盖老年人、残疾人、青少年、妇女、劳务工、禁毒、社区矫正等 14 个领域）；（3）非定向委托为主（契约关系）；（4）注重引入独立第三方评估机制；（5）购买主体统一化（基本上以市、区两级统筹购买，基层自主性较强）；（6）具有较完善的制度依据。

**表 2-2　中央关于政府购买服务相关政策一览表**

| |
| --- |
| 　2006 年，国务院在《关于加强和改进社区服务工作的意见》中要求，积极探索通过政府"购买服务"、项目管理等多种形式，促进公共服务社会化。<br>　2011 年，中共中央、国务院出台了《关于加强和创新社会管理的意见》，强调创新社会管理、加大政府购买公共服务力度。<br>　2012 年，中国共产党第十八次全国代表大会上胡锦涛总书记作的《党的十七届中央委员会的报告》，强调加强和创新社会管理，改进政府提供公共服务方式。<br>　2013 年，《国务院办公厅关于政府向社会力量购买服务的指导意见》（国办发〔2013〕96 号），明确要求在公共服务领域更多利用社会力量，加大政府购买服务力度，到 2020 年在全国基本建立比较完善的政府购买服务制度。<br>　2013 年，中共十八届三中全会通过的《中共中央关于全面深化改革若干重大问题的决定》要求，创新社会治理体制，激发社会组织活力，正确处理政府与社会关系，加快实施政社分开，适合由社会组织提供的公共服务和解决的事项，交由社会组织承担。 |

| |
| --- |
| 2014 年，财政部出台《政府购买服务管理办法（暂行）》；2020 年，财政部再次出台新的《政府购买服务管理办法》（中华人民共和国财政部令第 102 号）。<br><br>2015 年，中共十八届五中全会通过的《中共中央关于制定国民经济和社会发展第十三个五年规划的建议》要求，完善党委领导、政府主导、社会协同、公众参与、法治保障的社会治理体制，构建全民共建共享社会治理格局。<br><br>2021 年 12 月印发的《"十四五"公共服务规划》进一步明确了政府购买服务改革创新的方向，一是强调"原则上能够通过政府购买等方式提供的公共服务，不再直接举办事业单位提供"。二是要求"逐步扩大政府向社会组织购买服务的范围和规模，对民生保障、社会治理、行业管理、公益慈善等领域的公共服务项目，同等条件下优先向社会组织购买"。三是鼓励"将更多公共服务项目纳入政府购买服务指导性目录，完善财政、融资和土地等配套优惠政策"。四是推进"规范购买流程，按照政府采购法律制度规定确定承接主体，实现竞争择优、费随事转"。 |

总之，现有政府出台的政府购买服务的一系列政策法规，为政府购买服务扫清了政策法律上的障碍，解除了政府各部门和基层政府购买服务的顾虑。《"十四五"公共服务规划》又指明了未来政府、社会、个人协同发力、共建共享的公共服务发展格局，乡镇（街道）社工站建设要牢牢抓住人民群众最关心、最直接、最现实的民生问题，贯彻落实好这些政策规划，争取更多资源，推动政府购买形成合力效应，为不断满足人民群众美好生活需要，努力增进全体人民的获得感、幸福感、安全感，促进人的全面发展和社会全面进步贡献社会工作的力量。

## 二、社会工作参与购买服务的机制

2021 年 4 月 20 日，民政部办公厅印发《关于加快乡镇（街道）社工站建设的通知》，统筹社会救助、养老服务、儿童福利、社区建设、社会事务等领域政府购买服务资金和相关业务工作经费，以及彩票公益金中用于老年人、残疾人、儿童和社会公益等支出资金，优先用于购买乡镇（街道）社会工作服务，从政策上明确了政府购买服务里乡镇（街道）社工站服务的购买主体、承接主体、服务内容、购买机制、经费保障等内容。

（一）购买主体

政府购买基层民政服务的主体为市（区、州）、县（市、区）人民政府，由同级民政部门具体负责组织实施。乡镇人民政府和街道办事处在县级民政部门的指导和支持下，同步推进政府购买基层民政服务。

（二）承接主体

承接政府购买基层民政服务的主体为在民政部门依法登记成立或经国务院批准免予登记的社会组织，按事业单位分类改革应划入公益二类或生产经营类的事业单位法人，以及依法在行业主管部门登记成立的机构等社会力量。承接主体的资质与条件，由购买主体结合购买服务内容和具体需求确定，原则上应具有独立承担民事责任的能力，具备提供服务所必需的设施、人员和专业技术能力，具有健全的内部治理结构、财务会计和资产管理制度，拥有一支能够熟练掌握和灵活运用社会工作知识、方法和技能的专业团队。

（三）服务内容

承接主体依托乡镇（街道）社工站主要开展以下四类服务，各地民政部门在实施推进的过程中，根据实际情况与需求进行了相应的调整。

1.社会救助领域的社会工作服务。主要指协助做好最低生活保障、特困人员救助供养、医疗救助、临时救助经办过程中的对象排查、入户调查、政策宣传、绩效评价等工作，对社会救助对象开展照料护理、康复训练、社会融入、能力提升、资源链接等服务。

2.农村留守儿童关爱保护领域的社会工作服务。主要指配合进行农村留守儿童家庭随访和对象核查，对农村留守儿童家庭开展监护法制宣传、安全和心理健康教育、隔代教育能力建设等服务。

3.城乡社区建设领域的社会工作服务。支持和培育志愿服务组织、社区社会组织等公益性机构，发展、壮大志愿者队伍，推动建立基层"五社联动"机制，发挥社会工作在推进基层社会治理创新中的专业引领作用。

4.其他民政领域的社会工作服务。主要指开展养老服务、优抚对象关爱、防灾减灾等社会工作，为老年人、优抚对象、受灾群众等民政服务对象提供情绪疏导、精神抚慰、资源链接、社会支持网络建设等方面的服务；鼓励各地根据实际情况，确定重点服务对象和重点服务内容，打造特色服务品牌。

需要注意的是，社工站的服务虽然是民政部门主导推动的，但要避免限制在被购买服务的契约关系中，将社工站的发展狭隘化地锁定在基层乡镇（街道）和民政部门的工作任务里，要鼓励社工站从实际出发，主动研究和对接乡镇（街道）社工站所在地区党委、政府的中心工作，在基层治理体系中寻找社会工作可以介入的空间，特别要针对自治、法治、德治在基层社会普遍存在的短板、弱项甚至空白点拓展服务，凸显社会工作的建设性作用，让乡镇（街道）党政部门关注、重视和支持社会工作；同时，要立足乡镇（街道），主动将乡镇（街道）社工站融入上级政府在市域治理、县域经济等宏观、中观层面的工作中去谋篇布局，在新时代文明实践中心、社会心理服务体系建设等乡镇（街道）普遍面临挑战的领域，体现社会工作的专业效能，让乡镇（街道）感受到社工站为其分忧解难。

（四）购买机制

购买实施主体按照当地政府部署，根据审核通过的服务需求、部门预算以及本单位实际，合理确定年度政府购买服务计划，报同级财政部门审批。购买计划包括购买方式、服务项目数量和质量标准、项目预算等。购买服务计划及预算经同级财政部门批复同意后，购买实施主体要通过主流媒体、网站主动向社会公开需购买的服务项目、数量和质量标准、对承接主体的要求、绩效评价标准等内容，让各类承接主体能够充分了解和参与政府购买基层社会服务。购买实施主体应根据购买内容的市场发育程度、服务供给特点等因素，对政府集中采购目录以内或采购限额标准以上的项目，按照政府采购的有关规定，采用公开招标、邀请招标、竞争性谈判、竞争性磋商、单一来源采购等方式确定承接主体。选定承接主体时，要以满足服务质量、符合服务标准为前提，并注重考察承接主体的服务价格和服务质量，不能简单以"价低者得"作为选择标准。不属于政府采购范围的项目，应充分引入竞争机制，参照政府采购程序实施采购，严禁转包行为。购买实施主体对项目实施进行全程督导和检查，并在年底组织开展绩效评价。承接主体实施合同约定的服务事项后，购买实施主体应及时组织对合同履约情况进行验收，并按照合同约定，按政府采购资金支付程序实行国库集中支付。

（五）经费保障

各地民政部门要做好经费测算，协调财政部门列支财政经费，统筹社会救助、养老服务、儿童福利、社区建设、社会事务等领域政府购买服务资金和相关业务工作经费，以及彩票公益金中用于老年人、残疾人、儿童和社会公益等支出资金，优先用于购买乡镇（街道）社会工作服务。市县财政、民政部门要统筹考虑本地社会救助资金需求和购买服务资金需要，稳妥推进政府购买民政服务工作，逐步加大购买力度，市县一级民政部门从本级社会救助工作经费或者社会救助专项（包括困难群众救助资金和城乡医疗救助资金两个专项）资金总量中按照不高于2%的比例支出。还包括市县民政、财政部门应当从本级彩票公益金中安排资金，专项用于政府购买乡镇（街道）社会工作服务项目。省级彩票公益金将结合各地工作绩效情况，对政府购买乡镇（街道）社工站项目适当给予补助。鼓励社会资金支持乡镇（街道）社会工作服务，推动建立多元化社会工作服务投入机制。

### 三、社会工作参与购买服务的关键问题

（一）做好购买服务经费的使用管理

按照目前国内乡镇（街道）社工站建设的一般经验，购买服务经费的用途主要包括四个部分：专职社会工作者薪酬；项目活动费用（含项目内志愿者补贴），总经费比例不低于15%；能力建设支出，占总经费比例的5%左右；项目管理支出，占总经费比例的10%左右。

第一，规范社会工作者薪酬体系，激发社会工作人才队伍的活力。（1）专职社会工作者的薪酬包括社会工作者的工资、奖金、社会保险、住房公积金等，项目中专职持证社会工作者薪酬待遇参照当地社区专职工作者的薪酬待遇编报，专职社会工作者薪酬指导一般按照"四岗十一级"确定一人一酬。（2）薪酬由基础工资和绩效奖金两部分构成，其中基础工资占70%，与本人岗位等级相对应；绩效奖金占30%，由各机构结合当地社会工作办公室意见开展绩效考核后发放，奖勤罚懒、优绩优酬，稳定队伍，拉开差距，激发活力。（3）社会工作者薪酬须按实际发放，如项目中要求配备专职持证社会工作者，其薪酬应按要求足额发放。项目管理、能力建设等其他费用的列支，原则上专职社会工作者薪酬按当地薪酬指导要求，通盘谋划使用。若人员未配备到位，人员经费在项目审计后予以收回。

第二，加强志愿者补贴发放规范，推进社会工作、慈善、志愿服务统筹发展。志愿者补贴从"项目活动费用"中列支，志愿者与兼职专业人员补贴参照当地政策与实际

情况进行列支，兼职专业人员需要具备与项目相关的能力资质（社工师证、心理咨询师证等）。费用列支应当保留工作内容、时间记录和补贴支付表，支付表应列明领取人姓名、性别、身份证号码、联系电话、工作时间、工作地点、补贴金额、领取人员签字或转账凭证等内容。为了更为规范地做好服务记录，建议社会工作者拍摄能够充分证明活动和服务开展的照片或视频作为财务支出的佐证材料保存。

### （二）拓展社会工作参与政府购买服务的范围

我国经济社会发展迈入新时代，人民群众对美好生活有了新期待，精神满足和社会参与方面的需求快速增长，民生保障服务从单纯的物质保障向包括精神、心理、文化、社会等全方位服务转变，社会服务供给不断扩大、内涵日渐丰富、专业化水平不断提升。传统的社会服务方式已难以有效满足这些需求，为社会工作发挥专业优势和技术特长，参与政府其他部门购买服务开辟了广阔空间。

围绕乡村振兴、基层社会治理创新、社会服务体系建设等国家重大决策部署，特别是围绕各地党委政府贯彻落实《中共中央、国务院关于实施乡村振兴战略的意见》和《乡村振兴战略规划（2018—2022 年）》的重点领域与重点工作，联合人力资源、卫生健康委、共青团、残联、妇联等政府部门和群团组织的基层服务力量，打通政策壁垒，积极向政法、教育、公安、司法行政、退役军人事务、应急管理、信访、工会等部门做好政府购买服务的政策宣讲、项目开发工作，加大在医院、学校等公共服务场所以及禁毒戒毒、司法矫正、青少年事务、婚姻家庭服务、残疾人服务等领域政府购买服务项目的开发力度。

（三）善用公益和慈善资源推动社工站建设

党中央根据我国社会主要矛盾的新变化，针对人民对美好生活的新向往，提出促进全体人民共同富裕的目标要求和战略部署。"十四五"时期，全体人民共同富裕迈出坚实步伐，也对公益慈善、志愿服务、社会工作事业发展带来深远影响。社会工作在共同富裕，特别是在充分利用"第三次分配"手段塑造资源共享、人心向善、互助友爱的社会氛围上，在社区"五社联动"平台上，充分发挥乡镇（街道）社工站广纳各方、包容共享的专业优势，充分利用社区社会组织立足公益、机制灵活的载体优势，孵化与支持社区社会组织发展；充分利用志愿者扎根基层、乐于奉献的优势，传播志愿服务精神，提高志愿服务效能；充分利用社区公益慈善资源凝聚爱心、引领向善的社区文化优势，与爱心个人、爱心团队、捐赠企业等社会力量相向同心，推动建立有效的社区协商机制，建立"社会工作＋慈善事业＋志愿服务"的协同机制，链接志愿服务、社会组织、公益慈善等社会资源，通过实施慈善社工公益创投项目、举办慈善展会、设立社会工作发展基金会等形式，引导公益慈善资源支持基层社工站建设，发展慈善超市、社区基金，培育社区慈善类社会组织，开展群众性互助互济活动，推动社区慈善发展，形成众智众筹、共建共享的公益慈善格局。

《中共中央、国务院关于加强基层治理体系和治理能力现代化建设的意见》（2021年4月28日）将基层治理提高到前所未有的高度，指出基层治理是国家治理的基石，统筹推进乡镇（街道）和城乡社区治理，是实现国家治理体系和治理能力现代化的基础工程。在城镇化、老龄化等多重因素的影响下，乡镇（街道）的公共服务和治理需求都在发生深刻变化，人口外流进一步引发了乡村留守人口相关的照料需求和关爱需求，而这些需求迫切需要社会工作作为"黏合剂"，联合乡镇医疗、教育、农民合作社等社会主体，让社会工作在组织孵化、能力建设、经验引介等方面提供诸多帮助。乡镇（街道）社工站应立足民政而不限于民政，聚焦建设人人有责、人人尽责、人人享有的基层治理目标，坚持共建共治共享理念，积极主动将自身融入基层治理工作大局，嵌入并逐渐变成协调各部门推动乡镇治理体系与治理能力提升"一揽子计划"的制订者和实施者，更好地发挥社会工作专业效能。

# 第三章
## 乡镇（街道）社工站工作者的工作要义

在我国，社工站是个新鲜事物，社会认知度比较低。本章依序介绍社工站的几大工作要义，首先明确了社会工作者要做好需求评估，并具体解释需求评估的定义和意义，讲解如何开展好需求评估、需求评估的注意事项等；其次提出社会工作者要与服务对象建立信任关系，并阐述与服务对象建立信任关系的核心原则与具体技巧；最后指出在社工站的建设过程中，要贯彻好与民众在一起的服务理念、关注要实现的目标而非单一的项目指标、谨守专业价值与伦理、注重运用本土知识。

# 第一节
## 乡镇（街道）社工站工作者要做好需求评估

### 一、需求评估的界定与意义

在现代社会，几乎每个人都有去医院看病的经历。到了医院后，如果医生什么也不问，什么也不做，直接就对患者进行治疗，那患者必定会满脸疑惑，这是要干什么？怎么可以这样？对于患者来说，如果去看的是中医，医生会通过"望、闻、问、切"的方式评估患者身体的整体状况，并以此为依据判断如何进行治疗。如果去看的是西医，医生则通常会让患者接受各类现代仪器的检查，以评估患者的身体状况。

在社会工作的服务中，同样要通过一些特定的方法对服务对象的需求进行评估，并据此设计服务方案，提供有效的社会工作服务。如事前未就服务对象的需求做有效评估，就直接让服务对象接受社会工作者的服务，则定然会让服务对象充满忧虑，也会受到社会各界的质疑。在具体评估时，社会工作者可以从"服务对象"以及"服务对象所处的环境"两个维度开展评估。对服务对象的评估，又可以分为生理、心理和社会三个层面；对环境的评估可以包括服务对象生活的场域（如家庭、学校、工作单位、社区等），以及与场域中重要他人的互动关系。

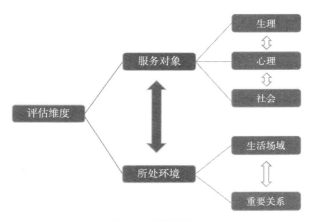

图 3-1　评估的维度

什么是需求评估呢？就定义的内涵而言，需求评估就是评定特定人群在社会生活环境中最需要被协助的事项与需要协助的程度，也可以说是有系统、具体地指认特定人群的需求类型、辨识困难严重程度、界定其对服务需求与服务性质的过程[①]。需求评估有何意义呢？从社会工作实务的通用过程来看，需求评估是社会工作者开展具体服务的出发点，是制订服务计划、行动介入、成效评估、结案完成的基础环节，是为后续的一系列工作奠定根基。

从社会工作者的角度而言，做好需求评估是提升服务针对性和专业性的基础，也是提高服务质量和服务效率的关键。从服务对象的角度而言，做好需求评估是确保其需求能够得到有效满足的基础，也是提升其服务满意度的关键因素之一。每一个服务对象都是独特的，其成长背景、

---

① 蔡启源.方案规划与服务评鉴［M］.台北：双叶书廊有限公司，2018：51.

生活环境、人格特质、心理特征等都不尽相同，其对社会工作服务的个人期待也可能是千差万别的。如果未能针对服务对象做有效的需求评估，社会工作者将成为社会大众眼中不靠谱的"江湖郎中"，其所提供的具体服务也就没有任何的学理和科学依据可言，其做的往往就是"无用功""白忙活"，甚至还有可能"帮倒忙"。因此，不论从哪一个角度来看，需求评估都具有十分重要的作用，是社会工作者开展服务的基础性工作。

## 二、如何开展好需求评估

第一，开展好需求评估，社会工作者要能深入理解需求的类别有哪些。社会工作者往往在有关需求的基本理论指导下开展需求评估。例如，马斯洛（Maslow）的需求层次理论是最为人们所熟知也最常使用的需求理论之一。马斯洛 1954 年将人的需求从低阶到高阶依次分为：生理需求、安全需求、社交需求、尊重需求和自我实现的需求。而关于社区的需求，布雷德绍（Bradshaw）的需求理论被人们普遍使用。布雷德绍 1972 年将社区需求划分为规范性需求、感受性需求、表达性需求、比较性需求四类。从需求的性质而言，感受性需求、表达性需求、比较性需求可以视为是相对的主观性需求，而规范性需求则是对照一定的标准后产生，属于相对的客观性需求。可见，我们可以从不同的维度去理解需求。需要指出的是，服务对象的需求往往不是单一的，可能同时具有多样性，社会工作者要进行综合评估。

第二，开展好需求评估，社会工作者要能系统掌握资料收集的具体方法。社会工作者可以采用的资料收集方法是非常多元的。最常用的方法是通过面对面的或者线上的访谈法、参与式或者非参与式的观察法，收集服务对象的相关资料，进而系统分析其面临的需求。对乡镇（街道）社工站的工作者来说，通过个别化、焦点小组等途径收集社区居民代表、社区骨干、社区关键人物、专家学者、相关重要人士的意见和想法，也是进一步做好需求评估的有效方法。此外，运用统计资料来判断需求的类别、程度与必要性，亦是常见的需求评估方法。例如，可以收集当地低收入人口比例、困境儿童的分布状况、留守老人（独居老人）的数量与特征等统计资料。

第三，开展好需求评估，社会工作者要能全面掌握需求评估的目标。无论选用的需求评估方法是什么，务必要争取实现以下几个基本的目标：其一，要用量化或者质性方式来描述需求的类别、性质、强度、变化及重要性；其二，要能掌握服务对象的社会、心理、生理等需求层次；其三，考虑需求对服务对象或社区的必要性、重要性以及需要被处理的优先次序[1]。从另一个角度来看，在开展需求评估时要能识别服务对象问题的客观和主观因素、识别服务对象问题的成因及问题延续的因素、识别服务对象及其所处环境的积极因素、初步决定提供服务的方式和内容[2]。

---

[1]　蔡启源.方案规划与服务评鉴［M］.台北：双叶书廊有限公司，2018：60.

[2]　全国社会工作者职业水平考试教材编写委员会.2021社会工作实务（初级）［M］.北京：中国社会出版社，2021：11-12.

### 三、需求评估的几个注意事项

第一，开展需求评估时，要让服务对象积极参与其中，有效融入服务对象的观点。一些社会工作者容易忽视服务对象的主体性地位，习惯性视他们为潜能缺乏的个体，进而在评估时过于突显自己的"专家角色"和"过往经验"，未能有效融入服务对象的观点。须知，服务对象既是社会工作者的工作对象，也是社会工作者的合作对象，合作的过程贯穿社会工作的整个实务通用过程。在此过程中，社会工作者也需要注意的是，服务对象可能会为了获得服务而过度夸大自身的需求。

第二，在开展需求评估时，不能孤立地从个体层面去评估需求，而要融入更广的宏观环境。通常在评估中会存在个人病态归因和社会结构归因两种视角。个人病态归因视角将个人的问题归咎于个体本身，而社会结构归因则从社会环境和结构中去寻找原因。社会工作者在评估时，要在两种视角中做好平衡。例如，社会工作者在开展社区社会工作服务需求评估时，不必急于通过调查了解社区居民的具体需求，而是要先对评估的社区形成一个整体认识。因为问题的产生可能并不在于个人本身，而是与社区周围的环境、社会制度及整个社会有着密切的关系。只有充分了解和掌握社区的基本情况，才能从社区角度对社区问题和需求形成完整而深入的理解，为后续形成切合社区实际、有效回应问题与需求的服务介入策略奠定基础[①]。

---

① 邹学银，范斌，郭名倞.社区社会工作服务指南解读［M］.北京：团结出版社，2017：142.

第三，在开展需求评估时，既要考量一般性需求，也要考量特殊性需求。一般性需求通常从普遍化的问题中来，而特殊性需求则尤为看重个体的特殊性[①]。一般性需求较为大众化、普遍化，外显度也往往较高，也容易被社会工作者看见和重视。而特殊性需求，容易被裹挟在一般性需求中，被视为是一般性需求的衍生品，其外显度也往往较低，很容易被社会工作者忽略。对部分服务对象来说，其更需要被满足的可能是一些特殊的需求。因此，社会工作者在评估时，要特别注意各种需求之间的优先级。

第四，在开展需求评估时，社会工作者也要对自身的能力和角色进行评估。在部分社会工作者的意识和话语中有一种"泛社会工作"现象——社会工作被视为是"无所不能"的，什么问题的解决都可以和社会工作结合起来。这种现象忽视了社会工作本身的专业边界，以及社会工作对多维资源的需要。必须清楚地认识到，在实际场域中，社会工作者虽是具有主观能动性的个体，但其所掌握的资源是有限的，其所能发挥作用的空间也是受到限制的，因而，并不能解决服务对象的所有问题，特别是某些需求并不适合由社会工作者来协助满足。因此，在开展需求评估时，社会工作者也需要系统评估自身的现实能力。在此基础上，社会工作者扮演适宜的角色，量力而行的同时尽力而为。这样做，既可以避免服务对象对社会工作者产生不切实际的期待，也可以避免社会工作者因无法回应超出能

---

① 刘丝雨，许健.论参与式行动研究在社会工作需求评估中的应用［J］.福建论坛（人文社会科学版），2012（7）：171–176.

力范围的问题而陷入自我否定的泥潭。

表 3-1　需求评估注意事项

| 评估 | 注意事项 |
| --- | --- |
| 评估主体 | 专业社会工作者与服务对象共同参与 |
| 问题分析 | 个人层面与社会结构层面兼顾 |
| 需求评估 | 一般化需求与个性化需求统筹 |
| 评估内容 | 评估服务对象亦自我评估 |

许多地区的社工站，在进行需求评估的过程中，通过社区地图的方式将社会工作人群、服务需求直观地呈现出来，并进一步在优势视角下绘制社区资源图，这一过程也可能同步梳理出辖区单位的需求和资源，对于社工站依托"五社联动"推动服务资源整合，具有很强的创新性。

在具体的需求评估过程中，社会工作者在看到"需求/问题"时，最好同步思考满足需求和解决问题的"资源/资产"在哪里，特别是以优势视角去"在地化"评估内在于个人、小组或社区的资源和潜能。如在社区层面，在"资产为本的社区发展"理念指导下，考察和评估社区资产，识别社区中可以利用的资源和合作伙伴 [①]。

---

① 张和清，杨锡聪.社区为本的整合社会工作实践：理论、实务与绿耕经验［M］.北京：社会科学文献出版社，2016.

# 第二节
## 乡镇（街道）社工站工作者要与服务对象建立信任关系

### 一、与服务对象建立信任关系的核心原则

第一，提升专业服务能力，赢得正向的认可。社工站的工作人员代表的是社会工作专业，是职业的社会工作者。但是对广大的城乡居民，尤其是农村居民来说，社会工作者是一个陌生概念和新鲜事物。这些人员既非传统的政府工作人员，也非一般的社会人士，更不是过去的"脱贫攻坚"驻村干部、新时期的乡村振兴驻村干部、"大学生村官""西部计划志愿者""农村支教老师"等这些村民相对熟悉的人群。因此，社会工作者能做些什么事，社工站能够提供什么服务，社区居民是不清楚的。在这样的背景下，只有不断地提升社工站的服务水平，提升社会工作者的专业能力，获得名正言顺和名副其实的身份，才能增进广大城乡居民对社工站的理解，增强他们对社会工作专业的认可度，从根本上促进社会工作者与服务对象建立信任关系。

第二，坚持真诚的待人处世态度，奠定彼此信任的根基。人是具有主观能动性的个体，也在不断地感受着外界的信息，并作出自己的反应。社会工作者在与服务对象接

触时，呈现出的真实态度将直接作用于服务对象。如果社会工作者表现出的态度是敷衍的、套路的、表面的、虚情假意的，服务对象也会发挥自己的"配合能力"，假意配合你的服务，然后逐渐地远离你。反过来，如果社会工作者的态度是真诚的、实在的且有人情味的，是愿意真正协助服务对象解决现实难题的，会有助于赢得服务对象的信任。服务对象会逐步放下自己的防备心理，愿意袒露自己的真实心境，也更愿意与社会工作者一起寻找适宜的解决之道。因此，从这个意义上而言，要建立彼此信任的专业关系，有赖社会工作者自始至终坚持真诚的态度和情感，赢得服务对象的真正信任。

第三，走出自己的"舒适圈"，进入别人的"舒适圈"。不同的人、不同的区域，往往会有自己习惯的生活环境、生活方式、生活节奏，进而形成自己的"舒适圈"。社会工作者接受了现代化的教育培养，有自己习惯的生活与工作氛围。例如，社会工作者可能非常喜欢社工站里干净、整洁、温馨的环境，可以在办公室吹着空调、喝着茶，进而享受着这样的"舒适圈"。然而，服务对象则可能不同，他们可能并不喜欢这样规整化的环境。他们的"舒适圈"可能在田间地头、在街头小巷、在公园的石凳、在农村的商店门口，在各种各样他们日常习惯的生活情境中。于社工站的社会工作者而言，要与服务对象建立信任的专业关系，有时需要做一些突破性的工作，需要做一些自我解构的事情。因此，要想走进服务对象的心里，与他们建立良好的关系，需要社会工作者不断走出自己的"舒适圈"，走进服务对象的"舒适圈"，主动融入服务对象的生活脉络中，进而让他们在自己熟悉的、自己感觉到惬意的环境中接受社会工作者的服务。

第四，有效回应核心需求，持续维护信任关系。无论在城市还是在农村，居民到社工站寻求协助，皆是希望自己的需求能够得到有效的满足，自己的现实困难能够得到一定程度的缓解。可见，居民与社会工作者建立信任关系的本质是希望社会工作者能协助满足自己的需求。由此，只有真正帮助居民解决难题，让他们感受到社工站与自己的切身关联，体会到社工站给自己所带来的实实在在的好处，他们才会发自心底地认可社会工作者的服务，认可社工站的现实价值，进而才有动力去与社会工作者建立信任的、持续的合作关系。而对那些非自愿到社工站的社区居民，要与他们建立良好的信任关系，是更不容易做得到的。社会工作者如何感受到这些社区居民的所思所想，如何触动他们的心灵，如何让他们不排斥社会工作者的主动，如何让他们放下戒备心，逐步从被动走向主动，从非自愿走向自愿，皆是很考验社会工作者专业能力的。在操作层面，要依靠社会工作者对居民个人处境的了解和判断，敏锐发现他们的痛点，有效回应他们的关切点。

## 二、与服务对象建立信任关系的具体技巧

第一，向各方有效借力，提升融入速度。社会工作者自身的力量是有限的，但是社会工作者可以动员的力量是无限的。具体到如何与服务对象建立信任关系也同样如此。向各方有效地借力，将有助于提升社会工作者的工作效率，也更有助于与服务对象建立关系。在城市社区，在社工站

建立以前，大部分社区都有各种各样的社区自组织，每个社区自组织也有自己的骨干人士。在农村社区，也有各种各样的"乡贤人士""文化精英""政治精英""经济精英"。这些社区自组织和各类相关人士，都是社会工作者可以有效借力的主体。就具体的策略来说，针对不同的服务对象，需要借助不同的力量。例如，要与中小学生建立信任关系，邀请学校教师或要好的朋辈群体协助，会是不错的选择。而要与老年妇女建立信任关系，找到广场舞的领队协助，则往往会起到事半功倍的效果。除居民个体、社区自组织外，社区居委会、驻乡镇（街道）的单位等，亦可以是社会工作者借力的对象。

第二，寻找适宜切入点，建立沟通基础。人们常说，在中国只要抓住了儿童，就抓住了家长。意即可以以儿童为纽带，沟通起整个家庭，进而与整个家庭产生广泛的连接。这句话提醒我们，想要与服务对象快速建立信任关系，需要找到适宜的切入点。针对不同的人、不同的情境，我们要敏锐地寻找可能的切入点。例如，在开展夫妻间的家庭调解工作时，关联到孩子的学习与成长往往会是不错的切入点；针对农村中的辍学少年，在开始阶段请他们谈一谈自己的"丰富人生"，或许能起到积极的作用。需要指出的是，要想找到适宜的切入点，前期充分的准备工作是必要且关键的。社会工作者不要过于信任自己的临场应变与信息捕捉能力，而要尽可能在事前多做信息的收集与整理工作，多了解服务对象的情况与特质，以此为基础探寻适宜的切入点。

第三，有效注重个别化，回应个性化需要。人有许多共性的特质，但每个人亦是独特的个体、是与众不同的存在。正是人有了个性，才形成了一个个多元化的社会。对社会工作者来说，我们不要过于相信"放之四海而皆准"的普适方法，而是要看到服务地区社会生态的不同之处，服务对象的差异化，服务对象所处情境的独特性，从而因地制宜、因人而异、因事而论地应对。在与服务对象建立专业关系的过程中，在具体的工作理念、工作策略、工作内容中，学会运用个别化原则，有效回应来自不同环境、不同情境、具有独特性的服务对象之个性化需求。在此基础上，再坚持个别化原则，兼顾整体与个体的融合，进而让服务对象在受助过程中，个人特质得以彰显，个性化需要得到回应。

第四，真心尊重与接纳，创造轻松氛围。人在放松愉快的氛围中，往往更愿意放下自己的戒备之心，更愿意积极地袒露自己，也更愿意与他人有更好的互动。站在服务对象的立场上看，社会工作专业关系建立的过程也是同样的道理，社会工作者要积极创造轻松愉快的氛围。无论服务对象当前的处境如何，服务对象过去有多少不堪回首的经历，抑或在人际关系中有多么不受人待见，社会工作者皆需要尊重服务对象，也都需要接纳服务对象。要让服务对象感受到社会工作者对他的尊重，感受到来自社会工作者的非威胁感，进而更愿意呈现真实的自我。如此，将有助于社会工作者更好地了解服务对象的真实情况，有助于服务双方建立彼此信任的关系，也将有助于服务对象自我积极性的调动。

第五，做一个好的倾听者，运用好同理心。如果你经常看各类访谈节目，你可能会有这样的发现：那些经常打断别人讲话，不断阐述自己观点的主持人往往不受大家的欢迎；而那些能够抓住重点，并努力创造条件让嘉宾畅所欲言的主持人，往往能够让嘉宾有超过预期的精彩发挥，从而能让节目变得更精彩。社会工作者在与服务对象相处中，同样也要学会倾听、鼓励和引导。具体而言，社会工作者不能从头到尾主导一切，应该努力创造可能，让服务对象成为故事的讲述主体；应该多提开放式的问题，让服务对象有更多空间讲故事；在倾听的过程中，可以适当地打断与引导，让服务对象的话题更聚焦；在倾听过程中，可以通过肯定的眼神或简短的语言积极回应，鼓励服务对象继续讲下去。需要指出的是，在倾听的过程中，社会工作者不是被动和无作为的，而是要运用好同理心这一技巧，让服务对象感觉到你在重视他、在关注他、在理解他，进而促成良好专业关系的建立。

# 第三节
## 乡镇（街道）社工站工作者的其他几项工作要义

### 一、贯彻好"与民众在一起"的服务理念

对处在为民服务前沿阵地的社工站来说，贯彻好"与民众在一起"的服务理念是至关重要的，亦可以说这是社工站的立足之本。那么要如何贯彻"与民众在一起"的服务理念呢？

首先，社会工作者要明晰自己的定位。乡镇（街道）社工站的社会工作者不是坐在办公室里处理一般行政工作的人员，也不是坐在接待大厅里负责一般性接待任务的人员，而是要走出社工站真正深入民众之中，为民众解决实际需要的社会工作专业人员。

其次，社会工作者要主动发现民众的需求。除了接待主动到社工站寻求协助的服务对象之外，社会工作者更重要的是要主动走村串巷，特别要尽量入户探访辖区内民政服务对象等困难群体，深入民众的家庭和生活场景中，与民众"同吃、同住、同劳动"，主动发现他们的现实需求。

最后，社会工作者要直接与服务对象产生联系。社会工作者要与各方密切合作，但也要避免产生凡事依靠别人的模式，要真正与服务对象产生直接的联系。一些社会工作者"自豪"地介绍："要开展儿童活动，就联系学校，学

校能给安排；要开展老年人服务，就联系楼长安排老人；要开展妇女服务，就通过妇联组织妇女。"实际上，这样的"模式"与服务对象是疏离的，与服务对象的关系会越来越疏远，不能真正走进服务对象的心里，不利于服务目标的实现。

## 二、关注要实现的目标而非要完成的指标

当前，很多地方的乡镇（街道）社工站都采取项目制的方式进行运作。由相关政府部门与社会工作机构签订合约，规定社工站要开展哪些活动、完成哪些任务。例如，一年内要完成多少次个案、多少个小组、多少场社区活动、多少次人员培训，以及要建立多少个社区自组织、要培养多少名志愿者等，这些可以视作社工站需要完成的具体服务指标，具有鲜明的数字色彩。也有的社工站，除了关于社工站运营本身的合约外，亦可能会与其他单位和个人签订项目合同，并依托社工站采用项目制的方式开展服务，完成一些具体服务指标。这样的项目制服务模式，为社会工作者明确了具体的工作内容，有助于各项工作的有序开展。但也要特别警惕陷入项目制服务模式带来的指标陷阱——一些社会工作者忙于应付项目指标，却忘了真正需要完成的是指标背后的具体服务目标，进而陷入"只见不断的服务，却不见具体的成效""只见无数个活动，却不见目标的实现"的困境，以致服务对象的问题始终得不到有效解决。在这里，服务目标是指社会工作者通过自己的服务，满足了服务对象的需求，产生了实际的效果等，具有鲜明的质量色彩。

总而言之，乡镇（街道）社工站要明白项目化运作只是方式而非目的，服务的最终落脚点是要实现指标背后服务对象现实需求的满足，解决具体的社区问题。社工站要从促进服务对象需求的满足，促进社会工作者自身服务能力的提升，促进社工站良好运转之多维目标出发，有效避免陷入项目书的各种数字之中，不忘实施项目的初衷。

### 三、谨守专业价值与伦理而非随意行动

如果你翻开在国内被普遍使用的、王思斌教授主编的《社会工作概论》[①] 一书，你会发现整本书在第一编介绍什么是社会工作之后，第二编就开始系统讲解社会工作价值体系。类似的情况，在社会工作专业教材中比比皆是。由此可见，社会工作专业价值与伦理是多么的重要。实际上，几乎很少有专业像社会工作这样，特别强调专业价值与伦理的作用，并把遵守价值与伦理视为对社会工作者的核心要求。可以说，正是因为专业价值与伦理的不同，构成了社会工作与其他专业的显著差异。服务、利他、社会公平与正义、人的价值与尊严、平等与尊重、合作、敬业，是关于社会工作核心价值的一般概括[②]。而伦理来源于价值并且与价值保持一致，伦理是操作层面上的专业价值，是把价值观念转变为行动的行为守则[③]。价值与伦理在

---

① 王思斌.社会工作概论［M］.北京：高等教育出版社，2014.

② 高鉴国.社会工作价值与伦理［M］.济南：山东人民出版社，2012：30–31.

③ 全国社会工作者职业水平考试教材编写委员会.2022社会工作综合能力（中级）［M］.北京：中国社会出版社，2022：44–45.

某些时候是引导社会工作者积极作为的依据，在某些时候又是限制社会工作者随意作为的凭借，起到保护服务对象免受伤害、建构社会工作良好专业形象的多重效果。乡镇（街道）社工站的社会工作者在工作场域中，面对服务对象的多样化特质、社会各界的广泛关注、纷繁复杂的现实情境，必须谨守社会工作专业的价值与伦理，而非随意地采取行动，以免产生各种各样的负面效应。

## 四、注重运用本土知识而非单纯引进西方知识

社会工作起源于西方，也正是因为这样，目前社会工作的知识框架、分析范式等也主要是来自西方。而乡镇（街道）社工站的建设，是在社会各界的积极参与下，由政府主导创造出来的，是非常具有中国特色的一项行动。在全中国遍地分布的乡镇（街道）社工站，注定是积极探索社会工作中国化的一个重要契机。广大的社会工作者在实践中"既不要不信书本，也不要迷信书本"，要对社会工作进行积极的中国化，促进社会工作的知识、技巧、价值与中国的场域、制度、文化相互融合。同时，我国的地域面积是如此之广，人口规模是如此之大，东中西部差异、城乡差异是如此的显著，乡镇（街道）社工站的建设要有效融合各类地方性知识，进而因地制宜地开展各项服务工作。社会工作者要结合当地的文化传统，采用服务对象喜闻乐见的服务形式，实现全过程的"接地气""有生命力"。如此，社会工作者将更容易走进服务对象的日常生活，社会工作者的服务也将更契合服务对象的现实世界，也更能引起他们的共鸣和积极参与，最终合力促进服务成效的实现。

## 第四节
## 乡镇（街道）社工站服务要跳出三大专业方法的限制

我们在此要特别说明的是，个案、小组、社区虽然被誉为社会工作的三大方法，但实际工作中，它们是互相联通和彼此效力的。在服务中社会工作者要做的恰恰是围绕服务对象需求，将个案、小组、社区融会贯通起来。德国的社会工作学界在反思社会工作的所谓三大专业方法的弊病时，发现社会工作者会依据自己专业服务特长，随意裁剪服务对象需求，导致社会工作服务变得日益狭隘。为此，德国的社会工作学界尝试重新定义社会工作服务的对象，提出社会工作服务不能限定在个人、家庭、小组或者社区这样的某个领域或者某类人，而是强调个人与环境的联结和转换（Gitterman & Germain，2008：28）。

一是要主动将乡镇（街道）社工站建设放在国家基层治理体系与治理能力现代化建设的整体布局中推动发展。乡镇（街道）社工站固然要牢牢围绕社会救助、养老服务、儿童关爱、社区治理等服务领域（对象）扎实做好本职工作，但不能忽略乡镇（街道）社工站建设的出发点，即它是民政部门落实党中央、国务院关于加强基层治理能力现代化建设战略部署的重要组成部分，不能在购买服务的契约关系中，狭隘地锁定在基层乡镇和民政部门的工作上，更不能使购买社会工作服务方形成社会工作就等于社会工作的个案、小组、社区三大专业方法的刻板印象，将社会工作服务简单化成各种考核的指标和表格，从而限制社会工作功能的发挥。社会工作者的服务应该从动员社区资源、改善社区生活质量入手，激活各类社会组织的效能，进而影响从地方到中央各级政府的政策，从而使社会工作服务在一个多层次、多维度的结构性框架中展开。因为社会工作本身要面对不断改变的社会经济和政策，就像一线社会工作者所服务的居民，不但要面临生活中的具体挑战，还不得不面对社会环境的巨大变化一样，这些变化常常会使人无助、失望、沮丧，甚至绝望。例如，乡村中的留守老人、隔代抚养的孩子、残疾人家庭，他们的需求和问题都不是短期内能解决的；农村青少年中考后的分流，也远不是链接职业教育资源就能一劳永逸的。如果简单、分割地看待和解决这些问题，而不是设法在更为广泛的层面寻求突破，很可能不但问题得不到解决，连社会工作者自己也会在无助中耗竭专业热情。

二是要将社会工作方法推广到乡镇（街道）有需求的人群和部门，扩大社会工作在乡镇（街道）的"朋友圈"。我国至 2021 年有 163 万名社会工作专业人才，取得社会工作者职业资格证书的有 73.7 万人，2022 年全国更是有近 90 万人报考社会工作者职业水平考试。即便如此，与国家社会工作人才队伍建设的标准和满足全社会对社会工作人才的需求相比，仍然有很大的距离，具体表现在，历年社会工作者职业水平考试中，其他专业背景报考的人数越来越多，民政系统以外报考的人数越来越多，社会组织从业人员报考的人数越来越多，基层社区工作者报考的人数越来越多，而如何使持证社会工作者能够真正开展契合本土需求的专业社会工作服务则任重道远。此外，已取得社会工作者职业水平资格证书的乡镇（街道）基层工作人员，对社会工作继续教育有着迫切而广泛的需求。乡镇（街道）社工站将社会工作继续教育作为重要的工作内容，既担负着贯彻落实国家社会工作人才队伍建设政策，带动乡镇（街道）慈善、志愿等社会服务力量建设的重要使命，又需要扩大社会工作在乡镇（街道）的"朋友圈"和营造专业支持生态。许多地方乡镇（街道）村居的工作人员在接受乡镇（街道）社工站的培训和考取社会工作者职业资格证书后，逐渐在表述上实现了从"你们社工站"到"我们社工站"的转变，为乡镇（街道）社工站营造了更好的栖息地，构建了更好的滋养性环境。在乡镇（街道）社工站现有的人力资源配置下，社会工作者既要认真做好一线的直接服务工作，又要积极扮演行动者、协调者、监督者、倡导者、计划者的角色，为乡镇（街道）社工站的落地生根及发展营造良好的社会支持网络，提升乡镇（街道）社工站的社会关联度和社会适应力，也为乡镇（街道）社工站在社区、养老、医疗、禁毒、司法、教育等各领域更好发挥作用创造新的发展空间。

三是立足民政部门，拓展乡镇（街道）社工站的服务半径，扩展服务内容。乡镇（街道）社工站可以与敬老院、乡镇（街道）卫生院、社区日间照料中心等相关单位协同合作。同时，乡镇中小学生也是乡镇（街道）社工站的重要服务对象。该群体中普遍存在的常态化留守和隔代抚养问题，社会工作者与中小学教师共同进行的服务干预以及延伸到家庭的亲子教育，效果非常显著，受到农村社会的普遍欢迎。乡村振兴推进过程中的农民合作社、家庭农场培育等，既是农民关注的核心生计问题，也是乡镇工作的新课题，社会工作者能在组织孵化、能力建设、经验引介等方面提供诸多帮助。乡镇（街道）社工站可以借鉴英国社会工作者在老年社区照顾中扮演的角色——"照顾经理"（key person）角色，立足民政而不限于民政，嵌入并逐渐变成协调各部门推动基层乡镇治理体系与治理能力提升"一揽子计划"的制订者和实施者，使社会工作的专业效能得到更大发挥。

总之，虽然社会工作的个案、小组、社区三大专业方法作为专业标签广为人知，但要警惕"三大专业方法"成为限制社工站发展的条条框框，只有深深地扎根人们的日常生活，将生活本身的逻辑作为专业服务的基本要求，从影响人们的环境与历史脉络入手进行改变，乡镇（街道）社工站才能真正行稳致远。

# 第四章
# 乡镇（街道）社工站个案社会工作服务的重点与规范

　　个案社会工作服务注重以个别化的方式为有需要的个人提供有针对性的专业服务。在乡镇（街道）社工站提供个案服务是社会工作者获取村民信任，建立服务关系的最佳途径。因此在社工站的建设过程中，个案社会工作服务不可或缺。本章首先对个案社会工作服务的概念和基本要素进行了系统性阐述；其次介绍了如何基于乡镇（街道）实际成功开展个案社会工作服务；最后以个案社会工作服务的工作流程为主线，详细阐述了个案社会工作服务各阶段的工作技巧和要点。

# 第一节
## 什么是个案社会工作服务

### 一、个案社会工作服务的概念

个案社会工作服务是社会工作者运用专业知识和技巧，以个别化的方式为处于困境中的个人或家庭提供物质、心理、精神、社会联结等方面的支持与服务，以帮助个人或家庭减轻压力、解决问题、提升其生存发展能力、挖掘潜能的服务过程。

每个人在社会关系中都占有一定的地位，扮演着不同的社会角色，例如一个男性青年人可能是父母的孩子、单位的职员、老师的学生、同学的同学、妻子的丈夫、子女的父亲等。每一个社会角色都有一定的社会规范，这些角色规范实际上就是训练他以满足最大需求的方式来扮演他的角色。恰当的社会角色扮演会使他在工作、学习、生活中如鱼得水。因此，个体应该恰当地扮演自己的社会角色，并获得最大的需求满足。同时，恰当也是一个动态调整的过程，因为生活并非总是一成不变。在某种情境下，如果个体没有适时调整，恰当地扮演好自己的社会角色、发挥自己的作用，其需求就可能得不到满足，个体就会感到沮丧和挫败。在充满变化的现代社会，每一个个体单单依靠自己的生活经验和知识，往往很难有效应对种种挑战，这就需要"专家（专业）知识"的帮助，这正是社会工作专业发挥作用的地方。例如一位工作上游刃有余的男性，在家庭中却可能无法恰当地扮演父亲这一角色，需要他不断地调整和适应。社会工作者在需求评估的基础上，可以针对亲子关系和家庭关系调适给予服务对象支持和帮助。总之，调整是动态的。早期的社会工作者往往去帮助那些有问题的个人或家庭，当代的社会工作者则已将服务范围扩展到帮助有需要的个人或家庭。

个案社会工作在流程上是一个不断探索（分析）、评估（诊断）、制定目标和干预计划、实施干预计划、评估和终止干预计划的过程。完整的辅导性个案包括接案、收集资料、制订计划、签订协议、开展服务、结案、评估、追踪等环节，要有需求评估报告、服务计划书、会谈记录、结案评估报告等文本记录。

## 二、个案工作的基本要素

在个案社会工作中，社会工作者要聚焦人、问题、环境和整个干预过程。因此，人、问题、环境和整个干预过程是个案社会工作的四大要素。换言之，如何理解个案社会工作，应聚焦这四个要素。

### （一）人

个案工作中的"人"首先是指服务对象。服务对象是向社会工作者寻求帮助的人。社会工作强调不要把服务对象和问题等同或混淆，强调"问题是问题""人是人"。因此对服务对象的基本假设是：

● 面临问题的个人——服务对象是应对问题的主体。

● 处于困境中的个人——服务对象只是目前和暂时处于困境之中。

● 不能处理自己的问题的个人——服务对象自己目前接纳、应对、解决问题的能力不足或者缺少资源。

● 不能适应环境（形势）的人——服务对象目前在与环境的互动中存在不适应问题。

● 寻求帮助的个人——服务对象目前正在调整自己的生活。

● 在社会运作或日常生活中不能更有效地处理问题的个人。

值得注意的是，很多情境下，社会工作者需要依据评估确定谁是情境中的服务对象。例如，老师向社会工作者反映学生学习习惯不好，总是不完成作业、不服从老师指导，希望社会工作者能纠正学生的"偏差行为"。那么老师、学生、学生的父母、学校同学这些个体及其家庭都可能是服务对象。服务对象的家庭成员、邻居、朋友、志愿者等也可能在个案服务中涉及。

（二）问题

问题是指服务对象遭遇的困难。问题产生于未满足的需求、障碍、挫折和环境的不适应，所有这些都会影响服务对象的生存和发展，因此问题要素往往具有多重属性。

（三）环境

社会工作者是将人视为"环境中的人"，特别考察"人在环境中"的适应状况。个案社会工作者在评估环境要素时应聚焦人和环境之间的恰适性，探究环境是如何影响和制约服务对象的认知与行为的。在一些个案处理中，环境因素的影响非常明显，比如没有最低生活保障金（简称低保）支持的个人或家庭，其日常生活就会捉襟见肘。但在有些个案中，环境因素的影响可能比较微妙，比如父母是孩子成长的基本环境——一方面父母十分关心和疼爱孩子，但是另一方面，父母双方的关系却很不和谐，只是在孩子面前表现得相敬如宾。这样的家庭环境也可能对孩子的成长产生负面影响，甚至导致孩子的心理和行为出现偏差。因此，从服务对象的环境要素评估需求，依据需求提供、改善相关的资源和支持是社会工作者的重要工作内容。例如，关注服务对象的住房情况、饮食安全、教育机会、医疗和公共服务、福利资源、娱乐设施、治安和消防、情感支持等。

（四）整个干预过程

个案社会工作服务的重要特点是陪伴。一般而言，咨询性个案服务一般要跟进 2~3 次，辅导性个案服务通常至少要跟进 8 次。个案社会工作服务的主要任务是恢复、复原和提升服务对象处理、应对问题的能力，也就是我们通常所说的助人自助。助人是一个尝试、探索、动态调整的过程。"调整"一词有使合适、适应、安排、修改、调和或使相符合的含义。调整在个案社会工作中是指社会工作者支持、协助服务对象，使其与环境之间建立起一种相对和谐的关系。调整的最佳目标是使个体的人格结构、身心社灵、个体与环境和谐。

## 三、乡镇（街道）社会工作中的个案服务要素

从人的要素看，民政长期直接服务的城乡社会救助对象、特困供养人员、孤儿、残疾人、优抚安置对象、留守儿童、流浪乞讨救助对象，是乡镇（街道）社工站服务的主要对象。社会工作的"全人"假设，将服务对象的需求分为身心社灵多个角度，而不是简单的物资救助。在社会工作服务的每个阶段，理解和处理社会工作者和他人的情绪至关重要，特别是在个案社会工作服务中，社会工作者与服务对象的情感互动可以说贯穿始终。社会工作者不拘泥于专业服务的限制，将情感互动本身作为一个重要的服务内容，既能解决服务对象的需求与问题，又能弥补政府基本公共服务的不足，体现社会工作在情感治理中的建设性作用。在与服务对象建立关系的阶段，社会工作者以尊重、真诚和非评判态度与服务对象建立信任关系；在需求评估阶段，社会工作者运用倾听、同理等技巧了解服务对象需求和困境背后的情绪、情感，以非评判立场与服务对象共情；在服务介入阶段，社会工作者需要鼓励服务对象寻求积极的情绪力量，并促使其作出最佳决策，以支持和帮助服务对象走出困境；在服务结束阶段，社会工作者既要做好服务对象分离情感的处理，又要巩固服务对象的改变[①]。

社会工作者自身是基层乡镇（街道）社会开展个案社

---

① 郭锦蒙，韩央迪.社会工作视野中的情感劳动研究：内涵特征、影响因素及应对策略［J］.社会工作与管理，2021，21（3）：54-62.

会工作的另一个重要的人的要素。由于社工站在乡镇（街道）是一个新事物，许多服务对象往往会把社会工作者当成基层干部、志愿者、民政协理员等角色看待。社会工作者需要灵活考虑服务场景，不必纠结于解释自己的专业身份，而是在坚持社会工作专业价值观的基础上，以服务对象为本，围绕服务对象的需求展开个案评估，在与服务对象建立信任关系的过程中，逐渐使服务对象清楚社会工作者的角色、工作内容与工作方式，确保服务对象对整个服务过程有知情参与的权利，使服务对象能够明白个案社会工作的不同阶段与相应的任务，通过服务的有效性帮助服务对象建立对社会工作的认知。

从问题要素看，城乡社会救助对象的问题来源广泛，内容上具有多重属性，在身心社灵多个维度上均有体现。在对服务对象进行需求评估时，需要全方位关注问题的表现及其背后的原因，进而针对不同问题进行介入或干预。

从环境要素看，城乡社会救助对象面临的基本环境包括家庭环境、社会环境、社区环境等。在评估阶段，要重视服务对象与环境的关系，对其环境要素进行充分评估。在服务方案的制订和实施阶段，要充分借助环境资源，为服务对象提供充分的社会支持。

从干预过程要素看，在与服务对象建立关系的阶段，更多的是发挥陪伴的作用以建立信任关系。在服务介入阶段，更多发挥调整的作用，使服务对象与环境间建立起一种相对和谐的关系。

人、问题、环境和干预过程四大要素相互作用，共同促进乡镇个案社会工作服务发展。

# 第二节
## 如何成功开展个案社会工作服务

### 一、契合城乡基层社会实际开展个案服务

乡镇（街道）社工站建设在未来很长一段时间都处于探索发展阶段，社会各界对它的认识、接纳和社会工作者自身的服务能力，都需要不断提高和完善。牢牢把握社会工作服务对象需求为本的原则，避免生搬硬套城市社会工作的模式和方法，立足城乡基层社会的实际开展个案服务，是在未来乡镇（街道）社工站建设中需要特别强调的事项。

乡镇（街道）社工站服务的对象是日常生活中的城乡社会居民，其中很大一部分是经济收入较低、受教育水平不高的边缘困难群体。在城镇化的影响下，留守老人、妇女、儿童和残疾人都是社工站重要的服务对象，这些服务对象往往面临多重问题的挑战。要使社会工作在解决这些服务对象问题中真正发挥作用，需要改变传统社会工作的一些逻辑，深入这些困难群体日常生活的场景中开展个案服务。

### 表 4-1　传统社会工作 VS 日常生活场景社会工作 [1]

| | 传统社会工作 | 日常生活场景社会工作 |
|---|---|---|
| 对社会本质的认知 | 站在个人的角度上理解社会，要改变社会环境中的不足和困境，在社会工作者的帮助下，可以达到正常状态 | 站在场景中理解个人，承认社会制约个人的客观现实，关注个人对生活中矛盾和困境的接纳，不以外在的标准来要求服务对象 |
| 工作的重点 | 改变个人的认知、行为 | 改变个人对环境本身的认知，学会开放自己，坦然面对挑战与不确定性 |
| 服务场景与逻辑 | 治疗场景，强调客观理性化解决服务对象的问题 | 帮助服务对象面对生活场景中的意外挑战，并且通过与当下场景的对话审视自己的局限 |
| 社会工作者的角色 | 给服务对象专业的指导 | 协助服务对象对自我、自我与生活环境进行探索 |
| 工作目标 | 个人认知、行为的改变，个人—社会关系的调适 | 个人成长和生命意义的探索，理解个人—社会—历史的复杂关系并能合理化 |
| 方法论基础 | 实证主义技术理性 | 日常生活实践理性 |

　　社会工作者在一线服务中要充分发挥自己对日常生活整体性、基础性、熟悉性和高度重复性把握的优势，同时也要警惕服务者自身对日常生活潜在的麻木性、压制性，有意识抽身出来，进行审视和批判，才能充分挖掘社会工作服务在基层社会中的无限可能性。如某地的社会工作者注意到当地妇女要去距离村庄很远的地方取水，这既占用她们大量的时间又让她们非常辛苦，便投入资源将水引入村庄。这一措施不但没有得到妇女们的肯定，供水设施还

---

[1]　童敏，许嘉祥.深度社会工作的百年审视与本土理论体系建构［J］.厦门大学学报（哲学社会科学版），2019，253（3）：117-124.

遭到妇女们的破坏，妇女们也因此交恶于社会工作者。原来，社会工作者将水引入村庄之后，尽管使妇女们免于长途取水的奔波之苦，却也剥夺了取水途中的闲聊给妇女们带来的调节和放松机会。社会工作者将水引入村庄之后，妇女们并没有真正获得自由空间，她们以往取水的时间被安排了其他更为繁重的劳作。这让妇女的生活处境变得更为糟糕。因为缺少对当地妇女日常生活整体性的理解和把控，社会工作者好心办了坏事，不但没有减轻妇女劳作的辛苦，反而让妇女失去了调节和放松的机会。另外，社会工作者利用广场舞带动村民参与集体活动，却因风言风语给农村家庭带来夫妻矛盾。社会工作者利用村委会闲置场地开展农村助老食堂项目，却让老人的子女觉得是社会工作者让别人觉得是他们不养老，使他们出丑，他们因而对这些项目设置种种障碍。所以，以服务对象的需求为本，将服务对象和社会工作服务都带到日常生活场景或系统中来考量，而不是简单地从社会工作者的一厢情愿甚至为了完成社工站项目指标来设计和开展服务。这一原则尤为重要。

同样，农村中的家庭暴力问题，往往被当地人归入清官难断家务事和民风民俗问题，改变的契机和难度不言而喻，社会工作者很难直接介入，但这并不是说社会工作者可以选择性忽略甚至默认这一问题的存在。H机构的社会工作者通过广泛宣传，让村民知晓打老婆和孩子不是简单的家务事，而是实实在在的违法行为。后期为了更好地契合当地的传播网络，利用当地普遍使用的快手、抖音等社交软件，转发因家暴问题被刑拘甚至坐牢的视频，一方面起到了很直观的宣传倡导作用，改变了当地人对家暴问题的错误认知；另一方面对施暴者起到很重要的震慑作用，受家暴妇女也知道利用手机和家中的视频监控保存家暴证据，获得维护自己权益的意识和方法，大大改变了当地顽固的家暴问题。

## 二、充分重视个案管理与包裹式服务的应用

个案社会工作服务虽然将个体作为服务的核心，但要看到个人的就是社会的，社会工作者要始终将协调个人与社会环境之间的关系作为服务的本质。个案社会工作往往因为要处理个案所面临的复杂、多样性的个人与家庭问题，通过资源整合安排、协调、监督、评估、倡导多种服务，满足服务对象的复杂需求，从而将面向服务对象个人或家庭的个案社会工作服务扩展为个案管理。特别是在城乡基层社会开展个案服务时，要充分注意服务对象的需求及其影响因素的复杂性，引入个案管理（综融性社会工作）来开展服务。

所谓个案管理（Case Management），是由社会工作者通过和各种不同福利及相关机构工作人员相互沟通与协调，以团队合作之工作模式满足服务对象多方面的需求，以扩大服务成效。个案管理的服务对象通常有两大特点：一是他们所遭遇的问题与需求复杂；二是他们在获得与使用多样复杂的社会资源方面存在困难。相应地，社会工作者在服务过程中强调两个取向来回应需求：一是过程取向，强调个案服务是一种协调的过程，通过协调和获得各种资源，来协助服务对象解决复杂多样的问题；二是体系取向，强调寻找、联结和协调不同服务体系与资源，确保以最适当

的方式来满足服务对象的需求。

在个案管理中，社会工作者往往是通过包裹式服务的方式提供专业服务。包裹式服务是指社会工作者经过需求评估和可利用资源的确认后设计出一套服务方案，并整合不同专业领域的工作方法实现多样化服务的联结。包裹式服务过程中，社会工作者要注意服务的连续性，包括时间上的连续性，服务的完整性，并以此来保障服务对象所获得的各项服务之间是紧密结合的，但同时也要注意提高资源利用率，避免浪费。

总之，个案管理将社会工作的三大基本专业方法——个案工作、小组工作、社区工作融于一体，形成一个整合式的服务方案，协调、链接各种资源，统筹推进问题的解决。个案管理在乡镇（街道）社工站建设的初期阶段，在村（居）民对社会工作知晓度不高、社会工作者开展服务的资源不足的情况下，对于社会工作具有较强的现实意义。

## 三、个案社会工作服务的"六要六不要"

个案社会工作服务的个别化、多样化，要求社会工作者在开展服务的过程中，需要遵循基本的规范和要求。基于对基层社工站运行的分析，我们发现从以下几个方面统筹开展个案社会工作服务，可行性和实际效果都较好。

### （一）要和民政部门协同开展救助服务，又要超越救助服务

乡镇（街道）社工站的服务一般依托乡镇（街道）民政力量展开，所以在实际工作中，社会工作者一是要客观

认识民政部门作为政府基本公共服务提供方，它承担着对留守老年人、留守儿童等困境群体的保护、照顾职责，社会工作者要摒弃成见，采用优势视角，与民政部门共同改变服务对象的依赖心理，相信服务对象有自我决定的能力，能够成为改变的主体，并由他们选择、决定服务目标和服务计划；二是要把民政和政府其他部门提供的资源和救助结合起来，避开社会工作者因不能提供"实实在在的钱"而被服务对象拒斥的可能，发挥社会工作者在情感慰藉、心理支持、社会支持等政府和市场力量所不具有的优势，将服务对象的主体性和潜能放到首要位置，通过身心社灵的"全人发展"服务赋能服务对象。

（二）要关注和回应农村困难群体的需求，避免将困难群体标签化

乡镇（街道）社工站的重点服务人群是民政服务对象，他们是需求相同或类似的同质性群体。政府传统的基础公共服务偏重为他们提供兜底照顾类服务，很大程度上忽略了他们的个体差异、潜在能力与发展性需求。客观来看，对老年人、儿童等困境群体的照顾和保护是社会正义的体现，一定程度上替代决策是自然的、正常的。但社会工作者要特别警惕以关爱、保护、专业之名，限制、排除服务对象的需求表达和自由选择，进而成为这些困境人群的掌权人，并最终导致服务提供者背离社会工作需求为本、服务对象自决的服务宗旨。对农村困境人群提供个案服务时，除了与基层镇（街）和村（居）委会密切配合、精准链接社会救助和社会福利政策资源，社会工作者更要从促进服务

对象发展的角度出发，在链接社会资源、提供社会心理支持、进行能力建设、促进社会参与、减少社会排斥等方面发挥专业服务优势，帮助服务对象自立自强，从而进一步实现助人自助、社会互助和社区包容[①]。

（三）要把服务对象面临的问题和服务对象本身区别开来

服务对象面临的问题和挑战，与社会结构的变迁有很大的关系。从社会工作生活世界理论的角度来看，每个人的生活可以区分为作为日常的生活世界和作为任务的生活世界。服务对象在其日常生活世界中，可以借助日常生活习惯、常规生活方式、日常生活规则，确保日常生活的顺利进行；但在服务对象面对作为任务的生活世界时，往往是既充满机遇和希望，又充满困难和挑战，有时甚至使人力不从心、举步维艰。从这种角度来看，日常生活中，留守老年人中不乏巧厨能手、种植养殖专家、多才多艺的民间艺人，但面对留守孙辈的课业辅导、智能手机使用、就医用药等新的挑战时，他们大多倍感无力。留守的儿童青少年"什么都好"，但缺乏良好的家校合作和父母陪伴，其日常生活也充满困惑与挑战。社会工作者正是要解决服务对象在作为任务的生活世界中的问题，促使人与人之间关系的形成和发展，协助人们建立健康的社会支持网络，为

---

① 张和清，廖其能.发展型社会救助的中国社会工作实践探索——以广东"双百"为例［J］.西北师大学报（社会科学版），2021，58（6）：11.

人们创造社会生活空间①。换言之，社会工作要引导服务对象建立这样的认知——他们面临的问题只是他们在扮演某一特定角色上出现了挑战和问题，或者说他们在处理某一件事情上的能力被否定了，而不是他们整个人被否定了。

（四）要掌握好需求评估中个案服务对象和重要相关他人的关系，不要对服务对象施加不合理的压力

1940年，我国早期社会工作先行者吴桢先生在开展医务社会工作服务时就指出，"他们不但被病魔侵袭，而且被复杂的社会问题及心理问题织成的网团团地缠绕着。这些人绝不是医生的一针一药所能解决的。"社会工作者如果只是关注服务对象的改变，很容易从专家的角度按照所谓正常、合理的标准评判，简单化地按治疗取向开展服务。很多现实问题的背后有多方面的原因，每个服务对象所处社会网络中的文化、地域、经济状况等因素千差万别，很多问题持续多年一定也有一些力量在维系着，只强调服务对象的改变或者简单化的归属责任，如"孩子的问题都是父母的问题""事情到现在都是×××的错"等成见，不但不利于问题的解决，还容易形成对抗，造成新的冲突②。在乡镇（街道）社工站中，服务对象的家庭成员、监护人、学校、村委会、项目资助方、社区工作者等主体均可能是服务目标与服务方案的参与者和影响者，社

---

① 张威.生活世界为本的社会工作理论思想——兼论构建社会工作基础理论的战略意义［J］.社会工作，2017（4）：3-25.

② 李明."不问责"的态度：叙事家庭教育的重要立场［J］.中国社会工作，2022（3）：9.

会工作者要尽可能避免用相关主体的意见替代服务对象的意愿①。社会工作者如果能尊重服务对象作为自己生活专家的权利，就可以从优势视角营造开放交流、包容对话的氛围和外部支持体系，使重要相关他人在个案服务中发挥建设性的作用。

（五）要推动改变，但不要为了改变而改变

在新管理主义和社会工作服务项目化的影响下，许多乡镇（街道）社工站往往需要通过完成个案服务等指标来呈现工作效果，一些地区更是通过各站点的"赶学比超"来推动各服务站间的互相学习和竞争。虽然这在一定程度上有助于提升服务质量，促进社工站建设，但在起步阶段的农村社会工作中，要防止出现为了追求专业认可和宣传倡导，制造出"盆景化"的个案服务案例。这些"盆景化"的个案服务案例不但无法复制推广，而且对地方社会工作发展生态会有负面的示范作用。因为如果仅仅关注如何改变，就会陷入为了改变而改变的怪圈中。实际上，任何地方社会生活的改变都需要关注当下生活中的矛盾，因为环境的改变总会超出人们的预期，人们首先需要做的是学会开放自己，坦然面对即将面临的挑战，接受当下生活中的不确定性，在场景化的经历中理解现实生活②。

---

　　① 王英，王小波.社会工作如何践行需求为本——以农村留守者为例［J］.兰州大学学报（社会科学版），2017，45（5）：7.

　　② 童敏，许嘉祥.深度社会工作的百年审视与本土理论体系建构［J］.厦门大学学报（哲学社会科学版），2019，253（3）：117-124.

（六）要关注个案工作的专业要素，但不要为专业而专业

乡镇（街道）社工站的个案服务在某种角度上可以说是一种全新的探索，在实践中很难遇到标准化个案服务对象，不仅如此，很多个案的复杂性和多样性是常规教科书中无法见到的，这就需要社会工作者基于现实开展服务，也需要基层政府在考核评估中不因过度遵循书本知识单纯地评估服务形式，而忽略了服务效果。农村社会中许多服务对象会因一些具体的困难求助社会工作者，针对这些困难的服务不一定能成为规范的个案社会工作服务，但切实帮助服务对象解决了问题，也占用了社会工作者大量的时间、精力，这类"准个案"在实际的评估考核中应该给予一定的承认。在督导中也应该帮助社会工作者逐步探索总结适合中国城乡基层社会实际的个案服务模式。还有一些服务对象的需求和问题，牵扯到社会政策、历史纠纷和其他多种因素，远远超出了社会工作个案服务的范围，但社会工作者的服务在情感支持和基层社会情绪纾解上仍然会起到重要的作用，这个时候督导和评估方不能给社会工作者过多不切实际、超出专业范围的压力，而是要将这些服务作为拓展农村社会服务领域的契机。

## 四、重视个案工作对服务对象基础能力的培养

在个案服务中，乡镇（街道）社会工作者普遍遇到的问题是，帮助服务对象解决了某一问题，但遇到另外的问题时服务对象仍然束手无策，甚至出现倒退（退化）的现象，

变成严重依赖社会工作者或他人的人。显然，这样的问题和社会工作助人自助的目标相差甚远，导致这一问题的原因，实际上与国内社会工作单纯片面地引介英美社会工作学说的局限有关。

国内目前流行的个案工作体系，实际上是美国社会工作在20世纪初为了争取专业地位，参照医生、律师等职业，在当时流行的弗洛伊德心理分析理论的基础上形成的，与将个案工作作为社会工作专业形象塑造的特定历史有关。在其后的科学化进程中，社会工作又追求总结跨情境普遍性知识，以获得更为广泛的认可。个案工作也就成为社会工作者带着这一套普遍性知识对服务对象进行辅导、指导甚至治疗的过程。

问题在于，现实世界是变动不定、模糊不清、价值冲突不断、互为因果的，在这种情境中，基础科学研究得出的跨情境普遍性知识往往成了无用的真理知识[①]；不要说服务对象运用社会工作者教授的方法，就是社会工作者本身在实际运用中都面临极大的挑战。个案社会工作中的赋能，并非社会工作者在专业方法、某一技能上作为专家角色的单向工作过程，而是要策略性地将解决服务对象面临的实际问题和培养服务对象安全生活和生存发展的能力，特别是生存发展的能力，这是社会工作服务的根本目标。

实际上，在德语国家，社会工作是从教育学中衍生出来的，社会工作与社会教育学概念并存，社会工作概念里

---

① ［美］唐纳德·A.舍恩.反映的实践者：专业工作者如何在行动中思考［M］.夏林清，译.北京：教育科学出版社，2007.

基础功能是社会教育功能，是补充和替代家庭教育和学校教育的第三个独立的教育领域。在"社会变迁进程"和"完成生活任务进程"两者之间定位社会工作的功能，社会变迁为个人和家庭带来的影响，使得人们在完成生活任务的进程中充满挑战和困难，社会工作/社会工作教育学正是通过专业力量和社会科学专业知识，帮助服务对象解决日常生活知识不足的问题，以应对需求，在实现"助人自助"的服务过程中体现出对服务对象及其周遭社会环境的教育和能力培养。因此，德国不是将社会工作只看作一种应对特殊社会问题和帮助困难群体的职业，而是将其视为一种对人们完成日常生活任务状态的社会性回应方式，与家庭教育和学校教育并列构成广义的教育体系[①]。社会工作服务也就涉及全社会所有人，而不是仅仅局限于困难群体或部分群体。

可以发现，在治疗导向的个案工作中，服务对象求助社会工作者时往往带着具体的问题，希望社会工作者能够直接解决问题或者提供具体方法解决问题。但在基础能力社会工作的视角下，社会工作者在接纳服务对象的具体问题后，更强调以问题形成的逻辑为导向，与服务对象共同探索问题背后的真相，帮助或推动服务对象形成基础能力，并进一步促进服务对象实用能力的提高。

这一模式虽然和传统个案工作强调的赋权增能有相似之处，但其关键的"权能"被区分为基础能力和实用能力

---

① 彭善民，宋文然，王亚芳.德国社会工作发展范式及启示［J］.华东理工大学学报（社会科学版），2018（6）：1-9+17.

两个部分，社会工作者的任务是帮助服务对象形成更为重要的基础能力，然后尝试用基础能力解决具体的问题以形成实用能力。当服务对象具备这些能力并再次面对老问题时，其自身不仅能有效解决这些问题，同时也会影响生活中的其他方面，甚至具备了影响他人的能力，整个生活状态和精神状态都会发生变化，从而能够较好地掌控生活[①]。

### 案例：华仁社会工作发展中心基础能力
### 社会工作的探索与实践

四川省成都市锦江区华仁社会工作发展中心（以下简称"华仁"），成立于 2013 年 1 月，主要面向儿童、青少年、家长、中小学教师、刚入职年轻人以及各阶层人群提供专业社会工作咨询。社会工作咨询有别于临床咨询（心理咨询和心理治疗）。前者面向能力缺失者，进行能力建设；后者面向心理障碍和心理疾病患者，进行心理治疗。

8 年中，华仁服务的群体和工作目标，随着百姓需求和工作重心的不断深入，经历了 5 个阶段的演变。第一阶段是 2013—2015 年：工作重心从孩子转向家长，目标从应对孩子问题转向培养家长能力；第二阶段是 2015—2016 年：咨询形式从一对一咨询转向团体咨询；第三阶段是 2017—2019 年：服务对象从家长扩展到教师、年轻人、照顾孙辈的老人，工作目标超出家庭教育，触及生活世界的各个领域；第四阶段是 2020—2021 年：工作目标进一步明确，确

---

① 张威，陈曦明."基础能力"社会工作理论［J］.社会工作，2021（5）：1-27.

立"系统性思维能力"建设目标；第五阶段是 2021 年至今：首次提出基础能力概念，确立了更为核心、更为清晰的工作目标——培养基础能力[①]。

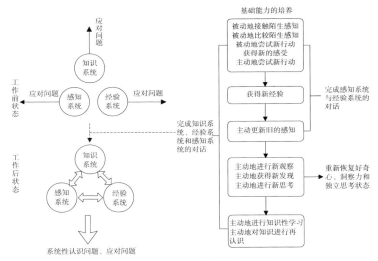

**图 4-1 服务对象基础能力的培养**

基础能力社会工作将个案工作中的基础能力，界定为"人的三大系统的对话机制"，即人的知识系统、经验系统和感知系统之间所形成的对话和循环机制，认为个案工作如果没有用系统性思维帮助服务对象完整地形成三大系统的互动，而是集中于某一个方面的话，最终只能"头疼医头，脚疼医脚"，不可能从根本上解决问题。

基础能力社会工作的服务是沿着服务对象"感知系统→新感受→新发现→行动→思考→掌握用另一种认知方式去

---

① 更多内容请访问"华仁社会工作发展中心"微信公众号。

认识事物→重建好奇心"的脉络进行的。日常生活中，人们通过感知系统（或经验系统）而非知识系统去应对问题和挑战，所以社会工作者从最为薄弱的感知系统入手，通过感知系统的扩大，作用于新的行动尝试，形成新的感受和经验，并形成对知识的再认识。服务对象在服务中不断尝试，形成基础能力，并将其运用到自己的生活中，在自己的现实生活环境中去践行新的认知，将新认知转化为新行动，把割裂的知识—经验—感知在生活世界循环往复，形成各种实用能力。

在这一体系中，基础能力是实用能力的前提和基础，实用能力是基础能力的运用和拓展。人的基础能力一旦形成，会主动与他人和世界进入对话关系，继而形成新的实用能力。这一过程带来新的经验、新的知识、新的感知，当它们再发生对话时，原有知识系统、经验系统和感知系统被更新和扩展，由此形成人与环境之间的良性交换与循环，基础能力不断得到发展。

乡镇（街道）社工站虽然还会面临困难群体服务和回应社会问题，但更多时候需要帮助人们应对城乡社会快速变迁带来的挑战和困难，如脱贫攻坚向乡村振兴转换中的"脱贫不解困"、城乡流动留守对个人和家庭的冲击、社区服务与社会服务缺失等问题，是许多城乡社会居民切实面临的但社会工作者在现有个案服务框架下又有心无力的挑战。基础能力社会工作视角为社会工作提供了一种将个案工作从单纯服务中解放出来、更加注重个案服务长期性、根本性发展的可能，值得在服务和研究中进一步探索。

# 第三节
## 个案社会工作服务的工作流程

个案社会工作的目的是帮助个人和家庭提升社会功能，解决或预防问题，这需要经过一个结构化的操作实施过程，以便有计划、有步骤地达到帮助服务对象并提升其生存发展能力的目的。

### 一、接案与建立专业关系

本着弱者优先的原则，乡镇（街道）社工站个案社会工作服务的重点人群首先是城乡社会救助对象、特困供养人员、孤儿、残疾人、优抚安置对象、留守儿童、流浪乞讨救助对象等人群。社会工作者要积极和乡镇（街道）民政部门沟通，将其中最需要服务和关怀的服务对象优先纳入服务范围，与此同时，社会工作者要借助开展活动和服务的机会，积极宣传"有困难找社工"，让大众认识、接受社会工作服务，为居民自己主动或介绍他人寻求个案社会工作服务打下基础。

在接案过程中，要考虑不同的服务对象会有不同的心理反应。接案阶段的主要工作包括：了解求助者的意愿并进行适当处理；澄清求助者的期望；初步评估问题和需要；对那些非本机构或者个人所能提供服务的个案，要经过必要的程序转介到其他机构。信任关系对社会工作者获得真实的信息、服务对象的改变、服务计划的推进非常重要，但需要注意的是服务对象与社会工作者的专业服务关系并非私人关系、朋友关系、准亲人关系，社会工作者需要敏感于专业的边界。如果发生边界混淆，不仅无助于服务目标的实现，甚至可能带来伤害。

专业关系的核心是信任。与服务对象建立信任关系，消除服务对象防备心理，是个案服务的前提和基础，向服务对象强调保密原则和恰当使用自我披露的技巧，降低服务对象的防备心理，使服务对象感受到社会工作者的信任和接纳，为开展服务建立一个安全信赖的互动氛围。

尽管专业关系从需求评估开始就影响着个案工作的推进，但是专业关系是一个动态发展的过程，贯穿整个个案社会工作的全过程。专业关系初步建立的过程中，服务对象可能会出现非自愿情绪、对社会工作者的角色质疑、对问题解决的过度期待、对社会工作者的心理防备等情况，社会工作者需要敏感地观察到服务对象对专业关系的态度，关注其表情和肢体动作以及言语，通过运用各种会谈技巧，以及评估服务对象背后的家庭、社区网络，根据实际情况和服务对象共同探索可行的服务方案。

专业关系建立后，社会工作者和服务对象互相都有了一定的了解，社会工作者可以将重点转移到服务对象的需求上，基于前期与服务对象沟通、分析、收集到的信息，社会工作者对服务对象的需求和问题、各种现有资源和潜在资源进行综合评估，制订具体的、可行的服务计划，以便为服务对象解决实际问题。

由于个案服务是社会工作者和服务对象面对面、持续性的互动过程，社会工作者得以全面深入地了解服务对象的需求，调整服务策略。社会工作者还需要解决服务对象对话题的操控、负面情绪的表达、自我认同感低、移情等问题。社会工作者要站在服务对象的立场进行积极回应，给予情感的支持，表达尊重和关怀，营造有利于服务对象自我放开和正向成长的工作氛围与关系，通过在访谈中采用澄清、聚焦、质询等技巧，使服务对象聚焦服务目标，并感受来自社会工作者的接纳、关注与肯定。

## 二、对服务对象的需求与问题进行评估

目前需求评估方法主要有两种取向：一种是强调从知识的客观性出发，即运用定性和定量方法评估需求。定量方法主要通过问卷调查实现；定性方法主要通过实地走访、观察、结构或非结构访谈、焦点小组的方法实现。另一种是强调重视评估者和被评估者之间的平等性，特别是要尊重被评估者的经验和地方性知识、尊重服务对象的观点、价值观和选择。这一点在循证实践的最初阶段和证据整合阶段体现得尤为明显，这也是社会工作伦理要求的"以服务对象为中心"守则的体现。

开展需求评估也有很多种方式，社会工作者可选择最契合实际的模型开展需求评估。例如家庭系统模型、[①] 心理

---

① 李慧仙.海灵格与其家庭系统排列疗法[J].大众心理学，2015（5）：47–48.

动力模型[①]、描述性诊断模型[②]、精神健康评估模型[③]、社会工作评估格式[④]。

本书主要介绍整合问题与资源视角的"个人—环境、问题—优势"需求评估模型。从人在环境中的理论出发，该需求评估模型强调了两个要素，一是服务对象内在环境—个人要素；二是服务对象外在环境—环境要素。个人要素又包含了 4 个子要素，即生理、心理、精神和其他个人情况。环境要素包括了 5 个子要素，即家庭、学校、社区、工作单位和政策支持资源等。

相应地，对服务对象需求评估的内容也包括个人与环境两个维度的评估。针对个人的评估需收集服务对象基本情况、生理、心理、精神和其他个人情况。针对环境的评估秉持个人的就是社会的观点，认为服务对象个人和环境及其互动是导致服务对象当下处境或困难的重要影响因素，因而需要对服务对象的环境进行评估。环境评估包括但不限于以下 5 个方面：服务对象的家庭环境、学校环境、社区环境、工作环境、政策支持环境。

---

① 朱宏博，张淑丽.心理动力团体治疗的临床应用［J］.中国医药科学，2012，2（24）：197–199.

② SILVERMAN J J, GALANTER M, JACKSON–TRICHE M, et al. The American Psychiatric Association Practice Guidelines for the Psychiatric Evaluation of Adults［J］. American Journal of Psychiatry, 2015, 172（8）: 798.

③ PAOLETTI I, CORCORA J, WALSH J. Clinical Assessment and Diagnosis in Social Work Practice［J］. Quaderni Di Clinica Ostetrica E Ginecologica, 2010, 20（11）: 696–704.

④ 刘江，张闻达.社会工作评估研究的四种进路——基于我国中文研究文献的系统评价［J］.华东理工大学学报（社会科学版），2020，35（4）：50–63+100.

与此同时，以"个人—环境"理论视角为基点的需求评估也强调了问题视角和优势视角兼具的评估方式。需求是问题倾向的，往往需求评估聚焦的是服务对象的不足和困境。从问题视角出发，社会工作者会详细调查服务对象的困境、问题及其成因，在此过程中也涉及分析服务对象自身对自身处境和问题、问题形成的历史、问题发生的频率等因素的理解。自 20 世纪以来，优势视角理论对社会工作的需求评估产生着越来越重要的影响。优势视角最大的优势是协助社会工作者识别服务对象的资源和"变好"的潜能，可以赋权服务对象，强化服务对象对困境的"掌控感"和内在改变的动力。许多服务对象遭遇困境、寻求帮助的时候，总是抱持着寻找"救命稻草"的心态，认为自己无价值、无能力、无办法、缺乏自信和自尊。在需求评估中，如果社会工作者只是聚焦服务对象的问题、不足、困境、负面情绪、不当行为等缺陷，就可能会压制服务对象的主体性、改变的动力，忽视服务对象"变好"的潜能。因此在实践的场域，社会工作者一定要始终相信并鼓励服务对象有权利、有能力作出他们的选择、呈现他们自己的潜能，并成为改善自身生存发展现状的主人。一些研究发现，一个人的低自尊状态常常会导致退却、萎靡、放弃、失败甚至犯罪。例如，社会工作者对一名留守儿童开展服务需求评估时发现：这名儿童每次考试前都非常焦虑，总是担心自己考不好，担心外出务工的父母会打电话来询问考试情况，如果成绩不好，就会觉得愧对父母。从问题视角出发，我们看到这名留守儿童焦虑的负面情绪，但是从优势视角出发，我们也要识别其内心追求好、优秀或者更好、更优秀的心理动力，而这种心理动力恰恰是促进这名留守儿童改变的关键因素之一。不仅如此，这名留守儿童父母的期待从问题视角看，是留守儿童负面情绪的来源，但是从优势视角看，这种期待经由适时调整也可转变为鼓励和支持这名留守儿童努力学习的动力。因此，社会工作者在需求评估中可以采用问题和优势兼具的视角开展评估。而且无论问题、需求，还是优势、资源，都可能涉及服务对象个体及其生存发展的环境要素，都能帮助社会工作者判断即将制订的服务方案或干预计划究竟是聚焦于保护性因素还是风险因素或者二者兼而有之。

表 4-2　需求评估模型：人与环境、问题与资源视角

| 因素 | 子因素 | 问题或需求 | | 资源或优势 |
| --- | --- | --- | --- | --- |
| | | 问题类型 | 需求程度 | |
| 个人 | 生理 | | | |
| | 心理 | | | |
| | 精神 | | | |
| | 其他个人情况 | | | |
| 环境 | 家庭 | | | |
| | 学校 | | | |
| | 单位 | | | |
| | 社区 | | | |
| | 政策支持资源 | | | |

## 三、开展需求评估需要注意的事项

社会工作的实践者们在需求评估的过程中需要注意以下 5 点。

一是社会工作者需要确认服务对象所讲述的需求是否经由服务对象认真、严肃思考过。虽然社会工作者强调服务对象自决，但是服务对象直接表达的需求未必就是其真实的问题。例如服务对象清楚表达了希望社会工作者协助其与丈夫离婚并争取孩子的抚养权。这时社会工作者需要确认此时服务对象表达的"需求"是不是因为丈夫婚内出轨而处于愤怒的情感状态，如果是，那么社会工作者首先需要处理服务对象的情绪问题，然后再确认服务对象的理性需求是什么。

二是社会工作者需要识别服务对象需求的恰适性。例如，一位女性服务对象因为男朋友嫌弃她太胖而与她分手后向社会工作者提出：希望社会工作者协助其3个月内成功减肥。尽管这位女性的诉求表达理性又清晰，但是从专业角度看，这位女性真正的问题不是减肥的问题，而是低自尊问题。由此可见，服务对象需求评估不仅是信息的收集过程，也是社会工作者基于专业知识作出专业判断的过程。

三是本书所阐述的个人与环境、问题与资源视角的需求评估模型仅仅是若干评估模型中的一种。选择这种模型主要考虑人与环境、问题与资源视角与当下中国社会工作实务较为契合，所以本书进行了整合与说明。但是不能否认，在社会工作实务领域，医学或心理学取向的诊断模型对中国的实务领域也有深远的影响。当然，也有研究者指出，社会工作个人与环境视角的需求评估与医疗诊断模型的问题评估存在一定的张力。我们的建议是：社会工作者可以首先使用个人与环境、问题与资源视角模型评估，并在此基础上，进一步使用信效度较高的医疗诊断模型确认服务对象的需求类型和严重程度。关于心理和精神疾病诊断的工具，我国已经出版了大量的书籍，实务工作者们可以看书参考。此外，数据库、网络中也有广泛的资源和评估工具或量表供社会工作者参考。

四是社会工作者需要明确服务对象期望优先解决的问题是什么。服务对象所面临的困境对其工作生活的影响可能是多方面的，服务对象的需求很可能也是多方面的，因此社会工作者需要明确服务对象期待优先处理的事项是什么。例如，一名陷入困境的母亲可能面临家庭经济拮据、丈夫生病住院无力承担医药费、孩子没人照顾等诸多问题。这位母亲可能期待先解决孩子上下学接送的问题，也可能期待首先解决丈夫住院手术费的筹措问题。明确优先解决事项意味着社会工作者需要了解服务对象的需求及其当下首要关心的事项，这对于资源、时间和人力有限的社会工作机构而言具有重要意义，也会帮助社会工作的实践者明确循证实践的具体问题是什么。

五是服务对象表达的需求有可能与社会工作者的专业判断不一致。在此情况下，社会工作者需要与服务对象平等协商，深入交流，最终确定一致的目标。请注意，平等协商不是劝诫，而是社会工作者在坦诚信任的专业关系基础上对服务对象的尊重。例如一位男性成年人因为酗酒失业，他可能认为首要解决的问题是再找一份工作，而社会工作者则认为喝酒误事，应首先戒酒，然后再解决就业问题，但是服务对象则认为喝酒是生活乐趣，而且他也完全没有信心能够戒掉酒。此时，就需要社会工作者与服务对象坦诚交流，最终达成一致目标。

## 【需求评估示例】

### （一）案例基本情况

服务对象：小北；性别：男；年龄：12 岁。

小北是一名五年级的农村留守儿童。小北的父母常年外出务工，小北日常生活和学习都由年迈的爷爷和奶奶照顾。小北学校的老师向社会工作者反映说小北目前面临的主要问题是考试成绩较差。当社会工作者与小北交流他的学习和生活的时候，小北情绪比较低落，表示自己给远在安徽打工的爸爸和妈妈表决心、做承诺：一定要在最近的考试中实现成绩排名全班前 15 名（全班 50 人）的目标。但是成绩出来之后，他的排名却只是第 40 名。当爸爸和妈妈询问成绩低的原因时，他说是因为自己没有发挥出应有的水平。此外，社会工作者还观察到小北的手很脏，建议他放学回家要洗手、去学校要穿干净整洁的衣服，小北则表示洗手太麻烦、穿脏衣服无所谓。在谈到"以后长大了想做什么"的话题时，小北表示愿意考个好成绩，但随后又说不想太辛苦，以后长大了可以当个主播，既能在家里躺着玩，也能赚钱养活自己。

小北的爷爷和奶奶平时对小北的关怀基本上就是吃好、穿好，对其学业和行为管理比较放任，情感交流也相对较少。社会工作者在与小北的爷爷和奶奶的沟通中发现：小北平时比较贪玩，总是以身体不舒服为借口不去上学，或者以忘记老师布置的作业为借口不交作业。小北也觉得自己学习不好，想退学，他表示，这样做也可以帮助家里减轻经济负担。另外，父母常年不在家，虽然与小北时常有电话沟通，但基本上都是在叮嘱他"要听爷爷和奶奶的话""要好好学习"，所以小北父母与小北情感层面的沟通也比较少。还有，小北生活在环境比较封闭的农村，社区里面也没有开展与儿童相关的服务活动。学校老师对小北的关注主要聚焦在他的学习成绩和课堂表现上，认为他课堂上不够专心，成绩不理想。

### （二）案例需求评估

社会工作者按照个人与环境、问题与资源的需求评估模型对小北的情况进行整理（参见表4-3）。总体上看，服务对象小北的问题主要是学习成绩不佳导致的情绪问题。情绪量表测量的结果显示出小北为一般的负面情绪问题而非心理疾病。导致学习成绩不佳的原因也是多方面的，涉及小北自身的学习习惯、家庭成员的支持、学校老师只聚焦学习成绩，较少关注孩子其他方面的成长等问题。此外，社区也缺乏儿童或留守儿童方面的关怀和支持性服务。

表4-3　小北的需求评估情况总结

| 因素 | 子因素 | 问题或需求 | | 资源或优势 |
| --- | --- | --- | --- | --- |
| | | 问题类型 | 需求程度 | |
| 个人 | 生理 | 小北提及的肚子痛问题，经社会工作者与小北交流，判断并不是身体不舒服，也不是心理问题躯体化的症状，而是小北逃避上学的借口；通过与小北的交流和社会工作者的观察可以确认：小北智力正常，不存在智力水平影响学习能力的问题 | 五年级，一年 | 小北的身体目前很健康 |

续表

| 因素 | 子因素 | 问题或需求 | | 资源或优势 |
|---|---|---|---|---|
| | | 问题类型 | 需求程度 | |
| 个人 | 心理 | 小北由于成绩不理想受到了父母的批评出现负面情绪；小北在向社会工作者诉说自己成绩不理想时，情绪有起伏，很沮丧；小北很希望能够取得好成绩，获取父母和爷爷、奶奶的认可；社会工作者通过情绪量表测量之后确认小北的负面情绪尚未发展成为病症 | 五年级，一年 | 虽然小北与社会工作者或父母谈到学习成绩时，情绪很低落，但这也说明小北内心对自己的学习成绩是有期待的，这种期待和心理动力是小北实现改变的重要资源；小北向父母承诺了提高学习成绩的目标，这是压力也是转化为心理动力的契机 |
| | 精神 | 由于上课不专注、作业不认真完成，小北的考试成绩不理想，而成绩的不理想又让小北对自己产生了怀疑和不自信，总是以身体不舒服为借口逃学，甚至还想退学，这些迹象都表明小北的自我效能感比较低 | 自二年级开始 | 小北虽然年纪比较小，但是他也想为家庭减轻负担，说明他也在探索生命的价值与意义 |
| | 其他个人情况 | 小北贪玩，还没有养成良好的学习习惯，例如上课不认真，不按时完成作业；生活习惯较为散漫；在谈到"以后长大了想做什么"的时候，小北表示愿意考个好成绩，但随后又说不想太辛苦，以后长大了可以当个主播，既能在家里躺着玩，又能赚钱养活自己 | 爷爷和奶奶表示小北从小就贪玩，生活习惯散漫 | 小北也开始思考未来人生的规划 |

续表

| 因素 | 子因素 | 问题或需求 | | 资源或优势 |
|---|---|---|---|---|
| | | 问题类型 | 需求程度 | |
| 环境 | 家庭 | 父母与小北在情感层面的沟通很少；爷爷和奶奶的关怀主要是生活照顾，对小北的学业几乎处于放任状态，小北与父母和爷爷、奶奶的情感交流日渐减少 | 小北出生6个月后，父母就外出务工；四年级开始，小北考试成绩下降，其与爷爷和奶奶的交流也日渐减少 | 虽然小北是留守儿童，但是父母会以打电话的方式与其保持交流、给予陪伴和关爱；虽然小北与爷爷和奶奶有疏离甚至争吵，但是爷爷和奶奶会照料他的日常生活 |
| | 学校 | 学校老师主要是以考试成绩评定孩子的成长和发展，学习之外的成长和发展关注较少；情感关爱和支持较为缺乏 | 从小学上学开始 | 小北学校的老师和同学可以为小北健康成长助力 |
| | 社区 | 小北生活在环境比较封闭的农村，教育和社会资源相对较为缺乏；社区没有组织有关儿童或留守儿童的社区服务活动 | 一直如此 | 小北所在社区可以为小北健康成长助力 |
| | 政策支持资源 | 小北健康成长的社会支持系统比较薄弱，他获得的学习、情感支持的资源较少 | 一直如此 | 与儿童成长和留守儿童相关的社会支持和政策资源可以成为小北健康成长的助力 |

## 四、服务方案的制订

制订服务方案是社会工作者的关键技能之一。通常社会工作制定干预目标主要从以下几个方面考虑和确定：（1）理解和解决服务对象的负面情绪和行为问题，例如缓解服务对象的焦虑、抑郁情绪和强迫症等；（2）提升服务对象的自我掌控感，例如协助服务对象申请低保和残疾人补助金；（3）促进服务对象个体与环境的联结和互动、适应和发展，例如增加孤寡老人与社区居民的互动；（4）提升服务对象的生存发展能力，例如为服务对象提供就业技能培训机会；（5）改善或改变服务对象的环境系统，例如移民搬迁；（6）其他。

服务方案或干预计划的目标可分为直接目标、中间目标和最终目标：（1）直接目标是帮助服务对象解决眼下最紧迫的问题；（2）中间目标旨在改善服务对象的生活质量，增强其社会支持系统；（3）最终目标是促进服务对象的自我认识、自我实现和抗逆力的提升。目标制定后要与服务对象订立服务协议，促进社会工作者与服务对象承诺共同合作，确认各自承担的责任，以便达到最终的目标。

示例：

问题：服务对象在与丈夫争吵中意外摔倒，现需要筹措10万元的手术费。

直接目标：通过公募平台、民政等社会支持系统筹措手术费。

中间目标：开展婚姻咨询，协助夫妻双方习得正确解决分歧和矛盾的方法。

结果目标1：夫妻双方的工作和生活回归正常，争吵的次数降低。

结果目标2：家庭系统健康、有动力和有复原力，夫妻间有沟通分歧的方式和共同完成家庭事务的次数。

目标又可分为过程目标和结果目标。过程目标是说明希望服务或干预给服务对象带来的变化。结果目标是这些变化发生的程度。过程目标是在完成结果目标的过程中设立的目标。过程目标是结果目标的一个部分，过程目标的完成会促进结果目标的最终实现。

社会工作实践最常关注的结果变量是行为、知识、态度和想法。行为的结果（例如戒酒的天数、辍学的学生人数、酒驾事件的次数等）可以通过官方记录、观察、面谈、录像和录音等方式获得。评估某种干预方法是否有效则需要在较长的时间去记录、观察、访谈了解这些情况。关于知识、态度和想法（例如关于老年认知障碍的知识，对生前立遗嘱的态度和进行安全性行为想法等）通常可以通过访谈和问卷调查来收集数据。

服务方案的最终确定应遵循以下原则：（1）目标应是服务对象和社会工作者协商的；（2）目标应当具有现实性和可获得性，例如，服务方案的实施者应具备专业胜任力；（3）目标应是可以测量和可操作的；（4）对服务方案经得起伦理审查；（5）签署知情同意书、隐私权和保密协议及随时退出服务的承诺书。

### 五、服务方案的实施

服务方案在实施中应注意以下几个方面。（1）社会工作者有义务就替代方案和应急措施作出选择。例如，正在开展的服务活动突然遭遇疫情，暂停还是改为线上活动？线上活动应该如何安排？服务对象在小组活动期间突然出现心理状况和身体问题该如何处理？当服务参与者投诉社会工作者应如何处理？（2）遵守免受伤害原则。社会工作者尽可能地减少无效的服务，避免有害的和可能产生负面影响的服务。（3）关注服务对象的依从性。依从性是指服务对象配合、积极参与既定的服务协议，完整地完成整个服务方案所规定的内容。依从性低会导致退出、服务难度加大、服务效果低甚至服务中断或失败。导致服务对象依从性低的原因主要包括：（1）对提供服务的工作人员不信任；（2）对服务内容和知情同意有担忧；（3）服务对象自身观点、信念与服务存在差异和分歧；（4）服务对象对实施服务过程中的一些行为产生排斥情绪；（5）服务结果的不确定性，如服务持续的时间和费用都不确定等。建议在服务方案实施过程中，工作人员要有高度责任心，及时为服务对象答疑解惑；与服务对象建立良好的专业信任关系；与服务对象的家庭成员或利益相关方建立良好的专业信任关系。

## 六、服务评估和结案

结案阶段是社会工作者结束与服务对象之间的服务关系，与服务对象共同对服务过程进行回顾、总结和评估，巩固已有的改变，增强服务对象自身解决问题能力的过程。

当以个案工作方式跟进的服务对象的生活问题得到解决，服务对象的自助、互助能力得以提升，个案救助服务的目标已经达到时，社会工作者可以与服务对象商讨结束个案服务，并商定未来跟进的方式和频率，如从个案跟进方式转为恒常探访或服务对象参与社区志愿服务活动等。个案跟进结束后，社会工作者需要定期电话或实地回访，进行成效跟踪和巩固。与此同时，社会工作者应该及时推动服务对象及其家庭参与社区共治与发展。

结束专业关系时，社会工作者需处理好服务对象的矛盾心理、服务对象的退化行为、否认结束或者拒绝接受结束专业关系的提议等问题。社会工作者需要提前做好告知，稳定并进一步增强服务对象已经获得的成就，探讨影响服务对象问题解决的因素，处理服务对象与社会工作者分离的情绪。

评估直接服务的效果是社会工作者在整个服务工作中不

可缺少的部分，在设定目标时就应考虑如何评估目标的实现程度和结果。量化的基线测量、定性测量能够帮助社会工作者评估服务对象的进步，确认服务对象的改变对其生活的影响。

应该指出的是，个案社会工作服务是一个循环往复的过程，每一步骤中都包含着对服务对象和工作过程的不断评估与总结，工作者应根据服务对象的动态发展、进步和社会资源的实际状况而不断调整服务的策略，以符合服务对象的最大利益。

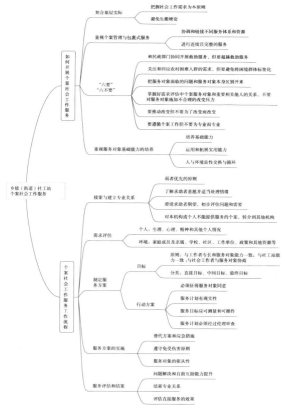

图 4-2　乡镇（街道）社工站个案社会工作服务思维导图

# 第五章

## 乡镇（街道）社工站小组社会工作服务的重点与规范

　　小组工作这种服务形式十分契合乡镇（街道）社工站的建设需求。本章首先介绍了什么是小组社会工作服务，明确了小组社会工作的定义与原则以及乡镇（街道）社会工作中常见的小组类型；其次阐明了小组工作者如何成长，列举了小组工作常见的误区、分享了成为优秀小组工作者的方法、介绍了小组社会工作者的督导；再次从三个维度概述了社工站如何策划与组织小组工作服务；最后介绍了小组社会工作的服务流程规范和服务技巧。

# 第一节
## 什么是小组社会工作服务

### 一、小组社会工作的定义与原则

在民政部门出台的国家行业标准中，小组工作的定义是，在社会工作者的引领下，将两个及两个以上具有共同需求或相近问题的服务对象组织在一起，通过小组活动过程及组员之间的互动和经验分享，帮助小组组员改善其社会功能的一种社会工作方法。[①]

实际上，小组工作是由英文 social group work 或 group social work 翻译而来，国内一般将其翻译为"小组工作"，也有将其翻译为社会团体工作、群体社会工作、团体工作、群体工作等。不难发现，目前关于小组工作的翻译使不少一线社会工作者在学习小组工作时将理解的重点放在"小组"的形式和方法上，认为只有针对服务对象开展的连续性服务或活动才是小组工作。然而，如果将这一翻译中的小组置换为团体，则会发现不是只有服务对象的小组才是小组，社会工作机构和乡镇（街道）社工站本身也是最重要的小组，社会工作者所做的种种服务、管理、资源链接

---

[①]　民政部公告第426号.社会工作方法　小组工作［S］（MZ/T095—2017）.

等工作，都是围绕社工站这一小组，在社区发动更多的参与，提升更大的动力，扩展更大的小组，提供更多的服务，最终使社区中分散的个体以各种小组的形式联结起来，在社区中搭建纵横交错、彼此黏合的服务网络。

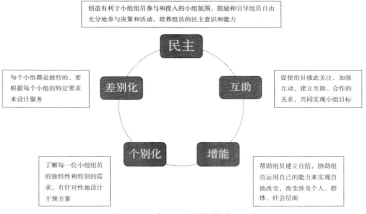

图 5-1 小组工作的基本原则

所以，小组工作固然要在教科书介绍过的基本原则指导下，以活动的形式开展服务，但一定要具有团体的理念，将小组工作看作是连接个案服务与社区服务的中间环节，分类、分层、有系统地将三大服务方法有机整合起来，发挥社工站服务的整体效应。

在这一过程中，社会工作者可以将个案工作、治疗性与支持性小组作为小组工作整体设计的基础，在小组工作开展的初期就有意识地以服务对象的需求驱动优势和能力视角激发小组内生动力，特别是通过发挥小组骨干积极分子的催化剂作用，分层分阶段地推动小组发展为自助团体或社会目标团体，进而将小组成员的个人问题放置在当地社会、经济与文化脉络中进行反思，在更为宏观的层面，改变社会形成的对小组成员整体的刻板印象和结构性的社会压迫，探索可能的空间。

在这样一个系统性的脉络中，社会工作者既能发现小组工作有别于个案工作的社会性，激发小组最为重要的团体动力，又能通过小组这一形式建立个人与社会系统的互动和改变，避免社会工作者将小组工作狭隘化为治疗、做活动等表面形式。

## 二、乡镇社会工作常见的小组类型

1. 教育小组或成长小组：教育小组侧重于帮助小组成员学习新知识、新方法，或补充相关知识之不足，帮助成员改变自己原有的对问题的看法和解决方式，从而实现改变成员的目标。成长小组侧重于帮助组员了解、认识和探索自己，帮助成员最大限度地启动和运用自己的内在资源，充分发挥自己的潜能解决问题并促进个人健康发展，促使小组成员成为家庭和社区中负责任的角色。

在实际操作中，教育小组或成长小组常常以兴趣小组的方式开始，在小组开展过程中逐渐拓展到家长亲子亲职教育、家庭关系教育、老年人智能手机学习、青少年学习习惯调整等方面。例如，许多地区的社工站根据实际需要，建立了驻校社会工作服务点，开展以行为习惯养成、卫生健康教育等为主题的小组活动。许多地区基于农村居民增产增收的愿望和迫切的生计需要，组织开展实用种植养殖技术、电商网络技术培训小组，共同推进村民的生产能力建设。

2. 社会目标小组：在农村社区中，村民常常希望参与一些具有清晰目标和结果的小组活动，期待改变农村社区某一类公共服务或事务。社会工作者一般需扮演使能者、促进者的角色，引导并激发小组成员民主参与社区生活的动机和潜能，并刺激该动机和潜能转变为实际的小组行动。

这类小组需要将社会目标的实现步骤化、明确化，同时需要在小组开展过程中培养和提升小组成员的社会意识，将其实现社会变迁的责任心转变为负责任的社会行动，发展小组成员的社会能力，尤其是其与社会环境的积极互动能力，培养一种自我主动的意识去推动小组进程，启发社会良知，激发社会责任，促进社会转变。

这类小组的发展要和培养社区骨干、孵化社区社会组织结合起来，使村民有能力、有意识带领和推动社区改变，并通过社区社会组织推动小组目标的可持续发展。许多社工站针对社区老年人理发难、就餐难等现实问题或农村社区公共空间建设的需要，开展互助小组或者自我管理小组，使村民们将"大家都想做但没有人出头做的事情"，通过社会工作者介入做了起来。

3. 支持小组：具有同质性的人聚集到一起，通过相互支持的方式，实现解决问题和成员改变的目的，其组员一般有共同的问题、经历或经验。

该小组可以应用于农村妇女互助、青少年课外小组、农村社区社会组织支持网络等服务。从小组的形式和动力来看，支持小组一般分为以内部成员支持为主和以外部资源支持为主两种形式。

为了更好地撬动社会力量支持社会工作者开展支持小

组，社工站可以联动民政协理员、社会救助经办员、儿童督导员和儿童主任等民政部门服务力量，以及司法、人力资源和社会保障等政府部门和工会、团委、妇联、残联等群团组织的基层服务力量，通过充分沟通，把小组工作开展和农村困难群体的公共服务结合起来，既能较快找到需要服务的困难人群，也可以撬动、联合公共资源，实现服务目标。社会工作者也可以挖掘农村社区中的退休老教师、老医生、老干部和在村中有威望的村民，甚至返乡的农村"两新"组织（新经济组织和新社会组织的简称）带头人、乡村文旅负责人等人力资源，通过链接外部资源建设小组。一些地方的社会工作者，针对农村留守儿童青少年课业辅导需求，通过网上云课堂等方式，联结大学生志愿者提供辅导陪伴服务，既解决了农村社区实际需求，也缓解了社工站人手不足的问题。有些社会工作机构通过链接有关高校社会工作院系资源，将服务进一步延伸为更为专业化的留守儿童与父母的云端聚会服务，收到了很好的效果。

需要注意的是，在社会工作实务中，社会工作者要注意避免小组成员对这些外部资源形成依赖，要将支持小组服务的重点放在激发小组内部动力，培养小组成员对小组的责任感、归属感上，推动小组成员相互支持，实现可持续发展。

4.治疗小组：组员通常是曾经在生命中有过创伤，或者在生理、心理方面有不良症状影响到日常生活的人。治疗小组可以应用于被家暴群体、农村残疾人康复融入、农村老年人照护等服务领域。有些农村社区的留守儿童厌学、游戏成瘾等问题较为集中且情况严重时，也可以采用治疗小组的方式来改变。

　　在治疗小组中，社会工作者的重点是引导组员运用多元视角正面面对生活，提升组员社会适应的自我效能感。通过发现并挖掘解决生活问题的优势工作经验，彼此借鉴学习，建立改变的信心，并制订实施计划。在治疗小组开展过程中，社会工作者需要注意和当地医生、教师、警察、司法矫正工作者等相关人士合作，以保障服务质量和服务的可持续性。

　　总之，如果把个案、小组和社区社会工作服务看成是一个有机的整体，那么小组社会工作就是社会工作这三大基本方法中的中间环节。一般来说，个案服务是社会工作者获得村民信任、建立服务关系的最佳途径；小组服务是凝聚集体互助和发挥集体力量的有效平台；社区社会工作服务则是塑造社区氛围和改变社区结构以及充分发挥小组优势的好工具。

# 第二节
## 小组社会工作者的成长

社会工作者在乡镇（街道）社工站学习小组工作方法的途径比较少，许多社会工作者只能从现有的教科书和论文中学习，但是教科书和论文中缺乏小组工作最为重要的环境因素和驱动力。

小组工作者成长中"经验是最好的老师"是大家的共识，但客观来看，乡镇（街道）社工站的小组工作处于拓荒探索阶段，加上小组工作很难现场示范教学，还要注意规避不规范甚至错误的小组工作方法的负面影响，社会工作者如何成长为合格的小组工作者颇具挑战性。

### 一、小组工作常见的误区

在实践中，我们常常观察到许多社会工作者在小组工作的形式、内容、发展阶段上都存在诸多的误区。

误区一：许多社会工作者认为 10 个人左右、连续 6 次以上的活动就是小组工作，许多社工站的小组活动按照千篇一律的设计方案机械执行，导致小组工作方案完全和服务对象的需求没有关系。许多机构甚至为了完成社工站的考核评估指标，将社区已有的居民团队活动改头换面，变成自己的小组活动。实际上，小组工作的核心是依靠团体动力推动小组成员的成长，活动的开展要根据小组不同阶段的需求灵活进行。

误区二：社会工作者将自己置于小组的中心位置，按照自己对小组的期望掌控小组。在社会工作者与小组成员的关系上，有些社会工作者太过在意小组成员是否喜欢自己，将注意力都集中在自己身上，无法真正去了解小组成员的需求。有些社会工作者则被小组集体压力或部分小组成员的需求牵引，忽略了社会工作者应该扮演的专业角色。在这些情况下，小组成员在小组中形成的经验是断裂的，无法推动团体关系的联结和小组动力的形成。

误区三：过分强调小组的专业性和流程规范。在小组工作的阶段和节奏把握上，社会工作者僵硬地按照流行的阶段进行划分，在社区居民彼此已经非常熟悉的情况下，仍然按照破冰、熟悉的环节开展活动，脱离了小组成员的需求和实际。为了契合小组工作设计的时间节点，忽略小组发展的进程或部分小组成员的感受，只是在形式上完成小组设定的任务。在小组工作开展的过程中，为了快速体现小组工作的特点，证明社会工作者所谓的专业能力，将浓烈的情感、紧密的关系视为"好的""有效的"小组工作标准，通过各种方式调动小组成员进行自我揭露，甚至认为"我带小组有人哭，所以我的小组工作带得好"，或者无差别地将各种游戏嫁接到不同类型小组和小组工作的不同阶段，营造社会工作者自己期待的小组氛围和形象。

## 二、社会工作者如何成长为优秀的小组工作者

与个案服务相比较，小组工作涉及的服务对象人数多、小组工作进程中的不确定性大，关系多元，互动复杂，这

都使得小组社会工作者面临的挑战大大增加。加上小组工作这一方法在许多乡镇（街道）是新鲜事物，社会工作者在小组中需要扮演创始者、引领者、协调者、观察者、支持者等多种角色，所以需要让社会工作者通过学习和获得督导支持成为好的小组工作者后，再结合乡镇（街道）社工站的实际开展小组服务。换言之，好的小组工作者是好的小组服务的前提和保障。社会工作者要成长为优秀的小组工作者，最好的学习平台就是深入实际完整地带领几次小组服务，在小组的不同发展阶段中掌握工作要点，在实践中学习、反思和成长。

小组工作开始前的准备阶段。社会工作者在学习带领小组的初期，必须掌握小组工作开展的程序与活动计划，关注的重点是掌握不同小组和小组不同阶段的技术方法。这一阶段类似于培养小组工作者的 10 小时观察团体阶段，但考虑到大多数乡镇（街道）社工站并不具备这一条件，社会工作者可以将所服务乡镇（街道）民政服务对象作为小组服务对象，与民政工作者或所在村居工作人员共同评估开展小组工作的对象、方式等细节内容，然后深入到服务对象中评估需求，共同讨论小组的具体安排，为后期开展小组工作奠定扎实的基础。在这一过程中，社会工作者可以通过查阅文献、观看视频或借助督导辅导，不断细化和改进小组工作的整体计划。

第一，小组工作的初期阶段。

在乡镇（街道）社工站正式开展小组服务的过程中，社会工作者很难以团体成员身份参与、领导、独立或协同带领团体的进阶式过程，因为参与、领导、带领团体的过程往往是混合在一起的，社会工作者可以通过适当增加小组活动的次数或者邀请资深社会工作者共同参与等方式，将小组服务和社会工作者的小组工作经验结合起来改进工作，但不论小组多么复杂多变，都要坚持始终紧密围绕小组工作的目标与团体动力开展小组工作。

在小组服务开展的初期，社会工作者要多以小组成员而不是小组领导者的角色出现，要有勇气向小组成员求助，向乡镇（街道）、村居相关人士沟通请教，当社会工作者愿意信任、求助于小组成员时，小组中潜在的合作力量就有可能得到极大的激发，从而有助于小组目标的实现。小组服务开展初期，社会工作者还要注意处理好小组中的骨干或边缘组员与小组的关系，将个案服务与小组服务有机结合，在小组中既能照顾到个别需求，又能从个别需求中找到小组的共通性，从而推动小组发展，联结与发展更为宏观的社区网络。

第二，小组工作的中期阶段。

在顺利陪伴小组度过初期阶段后，社会工作者的角色应该由成员逐步向小组领导者（leader）或者共同领导者（co-leader）转变，鼓励和引导小组成员在小组中承担更多责任。这一阶段社会工作者要推动小组有目标地发展，协助小组成员在小组服务中提升沟通、协调与管理冲突的能力，避免小组服务成为简单的活动串联，而是要通过小组服务这一形式，让服务对象看到相似问题有不同的看待和解决方式，跳出服务对象原有的经验局限，帮他们建立具有反思性和能动性的感知系统，并在此基础上积累新的经验、获得新的感受，从而让服务对象看到自己有会变化的可能性。

　　社会工作者在这一过程中也会实现在行动中反思和成长的变化，并促进小组成员对原有的经验系统形成新的理解和感受，带着这些理解和感受回到生活中开始新的尝试和体验，以再次获得新的经验和感受。在小组互动成长的氛围中，小组成员形成的经验、知识和感知，也会形成循环式对话，帮助小组成员获得支持和信心，使服务对象在小组中切实感受到自己处理和把握自我或自我社会关系能力的提升，从而在小组服务结束后形成自己应对和解决问题的基础能力。

　　第三，小组工作的结束和巩固。

　　从系统化的角度来看，小组服务虽然有服务周期，但正如前面将个案服务和小组服务结合一样，小组服务和社区亦是彼此关联影响的。在小组具有自助互助的基本能力后，虽然在形式上社会工作者服务的小组工作结束了，但小组这时已具有自我可持续发展能力，并因此有可能逐渐参与社区的公共事务，发挥建设性功能。社会工作者可以借此将社区志愿服务、社区社会组织孵化、社区协商议事等引入后期的小组拓展服务当中。

　　这个时候反观小组服务，则可以发现社会工作者其实可以将整个社区网络视为一个小组，主动组织社区中的成员彼此建立联系，形成互相关怀的关系，规划与设计社区活动方案。社区是大的小组服务，小组是社区中一个个小的共同体，社会工作者在其中不仅是工作方法的实施者，更有赋权社区和训练居民自身领导力的功能。这样一来，看似分割的个案、小组和社区工作的三大专业方法融为一个服务乡镇（街道）或村（居）的整体，互相效力，在社会工作者的带领下有机融入居民生活。

总之，由于小组工作的特殊性、复杂性以及小组工作在社会工作以外的多个领域的广泛应用，各国都特别重视小组工作者的培训与成长。如美国团体工作专业人员协会（Association for Specialists in Group Work）在 2000 年制定了小组领导者的训练标准（Professional Standards for the Training of Group Workers），提出小组领导者的核心技能及训练方式，这些标准适用于各种专业的小组工作者。该标准建议小组工作课程至少要有 10 小时观察小组、参与小组、领导小组的经验，至少有 60 小时独立带领或协同带领小组的实习，并接受督导的培训。[①] 社会工作者在社工站开展小组服务的过程中，要充分利用小组实践机会进行学习与反思，不断提升小组工作能力，并通过与社工站同事、其他站点同工的交流合作，逐渐成长为优秀的小组社会工作者。

### 三、小组社会工作者的督导

乡镇（街道）社工站督导是推进社会工作者小组工作能力成长的重要环节，因为小组工作不是一般的动作性技巧，通过不断地重复练习就可由经验获得能力的成长，而是需要通过反思式的经验学习，慢慢感受小组如何影响个人，个人又如何影响小组，逐渐形成掌握复杂人际关系和

---

① Association for Specialists in Group Work［ASGW］. Professional Standards for the Training of Group Workers［S］. https：//c3c51c6c-8c32-4f6a-9af6-0d715ac3a752.filesusr.com/ ugd/513c96_af51b0b1fa894b19a9f62bd8826e71c3 .pdf.

小组动力变化的能力，懂得身为小组带领者如何创造安全情境去引导组员在小组工作中成长与改变。

小组工作特别需要有经验的督导者给予支持。用镜子来比喻的话，社会工作者在小组中就像把自己的脸贴在镜子上，是看不到自己的，只有当他和镜子有一定距离才能看到自己。督导的作用就是帮助社会工作者与他带领的小组产生一定距离，使社会工作者能够更清楚地看到小组服务的过程和小组动力的变化。

在督导的帮助下，社会工作者可以更好地反观自己的工作，倾听所接收到的以及所表达出的讯息，从焦虑、自责中挪出内在空间，接受自己的有限与脆弱，在觉察、接纳与实践的历程中逐渐产生新的经验、意义以及突破的方向。在小组工作开展过程中，社会工作者如能邀请自己的同事作为现场的旁观者，观察和记录整个服务的过程，然后反馈给社会工作者，亦是提升社会工作者功力的有效方法。

从乡镇（街道）社工站的实际情况来看，现场督导不但成本很高，现实可及性也不充分，比较可行的方法是社会工作者利用录音、录像和文字，完整重现小组工作情景，整体反思其未察觉或无法描述的小组状况，突破盲点，在誊写时就能够更好地察觉到自己在小组中面临的问题，把这些问题作为请教督导的素材和关键信息，通过同辈督导或外部督导等形式，梳理小组发展的脉络和小组动力障碍，从而实现与小组服务同步成长①。

---

① 林佩瑾.在经验中学习、从行动中突破：台湾社会团体工作专业养成的经验与特色［J］.社会政策与社会工作学刊，2021（1）：93–135.

可以发现，这一过程中，督导虽然会围绕小组开展的活动来提升社会工作者的技能，改进方法，但小组活动是作为载体来发挥作用的。督导关注的重点是引导社会工作者在小组活动中让小组成员进入活动，与社会工作者融合后产生新的经验，进而有新观念与感受，推动小组动力的形成和变化，更好地调整小组活动的节奏和具体安排，而不是脱离小组情境和动力生搬硬套书本知识，依样画葫芦地把方案执行完。

## 第三节
## 小组社会工作服务的策划与组织

考虑到乡镇（街道）社工站站点一般在乡镇（街道）政府驻地或规模较大的农村社区，主要与乡镇（街道）民政部门一起开展服务工作，所以小组社会工作服务一般从三个维度进行策划组织。

### 一、围绕民政服务对象组织小组社会工作服务

乡镇（街道）社工站建设的政策出发点是通过发展专业社会工作，增强基层民政服务能力，加强和优化民政基本社会服务，让群众在家门口享受更多改革发展的成果。民政部反复强调，乡镇（街道）社会工作人才队伍建设是各级民政部门促改革、强基础、提质量的重点工程，这就决定了乡镇（街道）社工站的服务必须立足于社会救助、养老服务、儿童关爱保护和社区治理等领域的特殊困难群体，聚焦于这些群体的基本生活保障、社区融入和社会参与等方面，把困难群体生活保障放在第一位，把乡镇（街道）社工站打造为落实党和政府爱民惠民政策、落实民政基层服务的一线阵地，面向优抚人员、残疾人员、贫困人员、救灾对象、社区建设中的村民等民政服务对象，重点开展小组社会工作服务。

一是本着弱势优先的原则，面向辖区内优抚对象、老

年人、最低生活保障户等困难群体，以社会工作的专业理念开展小组服务。民政服务对象虽然有政府救助和兜底服务，但目前大部分服务以现金、实物为主，所需要的服务特别是个性化的服务相对缺失，而以改善提升服务对象生活质量、关注健康生活为目标的小组服务，可以通过结对志愿者帮扶、搭建互助支持小组、健康生活小组等方式，提升老年人等困难群体对生活的信心和自主生活能力，促进自身发展。

二是聚焦所在区域残疾人及其亲友的急难愁盼问题，围绕残疾人的文化、体育、就业、康复以及残疾人与其亲友的精神生活需求，依靠残疾人邻里互助等方法，为残疾人家庭提供临时照护喘息服务、心理辅导、康复、教育等专业服务，为残疾人建立社会支持网络，让更多残疾人有微信群、朋友圈。同时，还可以依托现有资源为就业年龄段智力、精神、重度肢体残疾人群等开展生活照料和护理服务，提供生活自理、社会适应、运动等能力训练，提供专业康复与劳动技能训练，提供辅助性就业服务等，保障和维护残疾人合法权益，增强残疾人及其亲友的发展能力。

## 二、与当地学校、公共服务机构联合开展小组服务

第七次全国人口普查数据显示，尽管我国城镇化率已达到64%，但实际流动人口规模仍然高达3.7亿，人口流动和城镇化进程加重了家庭养老育幼的负担，导致传统社会家庭亲缘关系和支持网络的松散、断裂与解体，催生出留守家庭、流动家庭、隔代家庭等新的拆分型家庭。

未来很长一段时间，人口流动导致的留守儿童问题将

长期存在，许多学校在教育过程中的"家—校"配合缺失，部分农村地区中小学撤并等一系列问题凸显，加大了在中小学校开展社会工作服务的需求。着眼于当地学校的实际情况，在教育部门落实"双减"政策的过程中，社会工作者可以和学校积极沟通，从农村家庭可能存在的照顾及监护意识弱、生活和照料有困难、学习或社会交往有障碍、家庭教育有问题等方面，分年龄段、按留守儿童特点开展各类小组活动，加强"家—校—社区"合作的全域型社会工作服务，围绕学业成绩与学习能力的提升开展服务，针对儿童心理健康、同辈关系网络建立、学校环境适应等薄弱环节提供服务支持，不但能充分体现社会工作的社会投资功能，有效解决儿童健康发展的问题，还可以借此推进婚姻咨询、家庭成长、社区参与等服务，增加家庭成员间的间接支持，充分发挥家庭成员自身的教育能力。

社会工作者在开展小组服务的过程中，还要注意面向地方政府和公众开展宣传倡导，让当地政府和公众意识到面向儿童的社会工作服务实际上还具有支持母亲就业、助力经济转型、促进机会公平、提高生育水平等多种社会功能。社会工作者介入农村留守儿童服务，其意义绝非减轻家庭负担那样单一，而是与国家人口政策的实施和未来国际竞争力的提升紧密相关，更是与人民最关心最现实的生活直接相关。①

第七次全国人口普查数据显示，我国乡村 60 岁、65

---

① 岳经纶，范昕.中国儿童照顾政策体系：回顾、反思与重构［J］.中国社会科学，2018（9）.

岁及以上老人的比重分别为 23.81％、17.72％，比城镇分别高出 7.99 个、6.61 个百分点。面对如此严峻的养老压力，国家一直在加大农村养老服务资源的投入，但与此同时，2018 年农村养老空置床位高达 51.3 万张，特困供养机构的平均入住率为 60.25％。社会工作者可以与当地社会公共服务机构共同开展包括生计、医疗、照料、护理、精神慰藉等在内的老年社会工作小组服务，为家庭成员提供经济支持、照护补贴、技能培训、喘息服务、心理疏导、就业扶持以及惠及整个家庭的购房优惠、户籍随迁等服务。

在这一过程中，可以与当地卫生医疗部门合作，面向老年人及其家庭成员开展养老护理知识技能培训等小组活动，提高家庭养老护理的能力；并逐步扩展小组，发挥邻里等各种正式和非正式照顾网络的作用，增强农村社区成员互助式养老能力；加强农村社区的适老化环境改造，补齐农村社区老年人助餐、助医、助浴、助行等基本公共服务的短板；建设农村老年人公共活动空间；通过小组活动孵化、培育老年社区社会组织。[①]

总之，社会工作者注意加强部门间的沟通协调，依托当地新时代文明实践中心等平台，激活农村社区普遍建有但普遍运作欠佳的养老协会等组织体系，通过和乡镇（街道）相关部门的合作，有效调动、发挥这些组织积极性和作用，提升农村社区老年人的自我服务能力。协同高效开展小组服务，不但可以拓展服务内容，还可以将辖区党团

---

① 焦若水，马治龙.农村公办养老资源的错配与适应性改进——基于甘肃省 K 县 M 镇的调研［J］.探索，2020（6）：144–155.

员、文明家庭开展的志愿者服务活动有机结合起来，更好、更专业地为孤、老、残等困难群体提供服务。这一过程也有助于开展社会工作宣传与普及教育，为探索乡镇（街道）社会工作人才队伍建设提供有力保障。

### 三、根据当地需求自主开展小组社会工作服务

社会工作本质上是为社会且指向社会的一种重要的社会保护机制，这种社会保护机制是通过面对面的服务，解决现代社会中人与人之间的联结、保护、互助等关系缺失的问题，解决越来越多的社会成员特别是困难群体陷入碎片化、离散化、陌生化社会处境的问题。[1]在城镇化推进的过程中，农村社会中普遍存在信息匮乏、人力资源流失、社会资源与支持网络不足、政策偏差、文化教育和权利保护缺位等挑战[2]。

第一，回应产业振兴与社区生计，通过小组工作助力合作社建设。

自实施精准扶贫政策以来，社会工作就积极服务于农村产业扶贫工作，力图通过地方产业开发，鼓励劳动力在地创业，增强贫困者的自主脱贫意识和能力。但从实际成效看，许多尝试并未有效调控本地区人口外出务工的节奏，产业扶贫开发实际上只是让乡村精英自我壮大，没有从根本上改变乡村困难群体的状况。

---

[1] 高丽，徐选国，杨威威.新时代社会主要矛盾、社会保护与社会工作的专业回应［J］.学习与实践，2019（4）：82-91.

[2] 彭华民.论需要为本的中国社会福利转型的目标定位［J］.南开学报（哲学社会科学版），2010（4）：52-60.

乡村振兴战略实施过程中，村民最为关注的核心问题仍然是产业振兴和增产增收，许多地区的社会工作者探索以发展社区经济为切入点，组织村民成立合作社，种植有机农作物或开展特色养殖小组。如通过"一对一"帮扶指导，虽对于个别农村精英有较好的致富效果，但无法带动整体村民脱贫。如果采取群体指导，则会出现"吃大锅饭""搭便车"的情况——不想学的占用资源，想进步的村民却缺少指导机会。在这种情况下，小组工作这种服务形式则十分切合乡村实际需求。小组 10 人以下的规模，能够让社会工作者关注到每一个组员的状况，不会出现某些组员掉队现象。任务型小组工作不但关注结果性目标的实现，推动产业扶贫，更注重通过小组组员的互帮互助来达成集体脱贫。通过小组工作推动合作社工作开展，在把普通村民培养成农村精英的同时，还能促进这些农村精英之间建立互助关系，形成一个牢固的农村社会支持网络，增加农村社会资本，有效避免只是个别精英自我壮大而其他村民依旧贫弱的问题，减少"吃大锅饭""搭便车"情况的发生。

社会工作者通过以村民为主体的社区调研、妇女骨干聚会和老年活动等方式，搭建山区村庄互助网络。广东绿耕社会工作发展中心在农村做生计的 20 来年里，策略也经历过从直接把村民组织起来做生计到转变村民意识使其认同需要组织起来做生计的调整。在工作过程中，社会工作者要特别注意自身角色的定位，避免越俎代庖地直接介入村民的生计经营，而是要把工作的重点放在提升村民自信心、培育小农户之间的合作上，鼓励他们之间分享经验，提高居民协商议事和合作能力，防止过度注重经济性目标而忽略乡村振兴的社会性目标。通过能力建设和保护性服务提升农民的产业经营能力，挖掘并运用本土资源优势培育地方性互助和公益组织，以农村社会网络再造，打造一批扎根本土、服务本土并拥有社区公共属性的人才队伍。用村民的感受来说，"义工是直接帮助人，而社会工作者是协助你从根本上解决问题、做意识提升工作的"。

第二，善用当地的地方文化网络，通过小组工作凝聚社区情感。

社会工作者开展小组服务，要尊重当地社区的传统文化。在社区为本的理念下善于和当地慈善活动结合起来，特别是针对农村社区团队中可能面对的骨干能力建设不足、团队成员参与度低、团队获取外部资源稀少等问题，发挥当地团队熟悉地方情况的优势，为活动开展提供动力，推动小组服务深入、可持续发展。

例如，社会组织通过对当地牧民捐出的小块牧场，将每年公共牧场的产出服务于当地残疾人，发展残疾人小组服务，切实解决牧区残疾人服务的短板问题。位于青海玉树州的甘宁村，海拔达 4780 米，被当地人称作"野牦牛也颤抖的地方"。当地村民堪布昂江从小下半身残疾，走起路来非常辛苦。虽是残疾人，但他自立自强，广泛利用地方优势开展残疾人服务。甘宁村成立的游牧合作社"帕卓巴"，以制作生产传统的黑帐篷、白帐篷起家，将保护传统游牧文化和生态环境视为最重要的使命，为村里部分单亲家庭的孩子、孤儿、残障人士提供了工作机会。合作社最初共有 17 户牧民，80 多人入股，如今只剩下 12 户坚守下来。他们一年中有将近 5 个月的时间同吃同住，共同参加手工培训和环保工作。这些牧民凭借自己的双手接到了几个制作帐篷的订单，赚取了第一笔收入。此外，他们还制作了一顶 500 平方米的黑帐篷，用于展示传统文化。合作社生产以牦牛绒、羊毛等原材料为主的系列手工艺品，以牦牛奶与酥油为主要成分的手工香皂，采摘收集高原土特产野生人参果和黄蘑菇为合作社创造收入。合作社也将关注点放在社区和邻村需要帮助的牧民上。合作社以寺院为中介，动员寺院周边的牧民将自家牧场分出一块，所产收入放入社区慈善救助库，合作社用社区产品收入的一部分来帮扶残障人士，为他们送上大米、面粉、油和茶砖等生活物资，成员还会为社区需要看病的牧民提供免费诊疗，为他们提供来自邻里、社区的支持。

第三，立足儿童小组服务，撬动家庭成员小组。

社区儿童是小组工作服务较为常见的重点服务对象。社会工作者在进行儿童小组服务的时候，可以创造机会将他们的家长扩展进来，在条件成熟的情况下建立新的小组，形成小组工作的联动。如有的社工站在进行儿童小组服务的时候，发现来接送孩子的家长在课业学习、生活习惯养成、家庭互动上有着普遍的困惑，甚至影响到家庭关系，许多家长对自己的教育方法产生怀疑，向社会工作者哭诉自己"不是合格的父母""最对不起自己的孩子"。社会工作者敏感地意识到这是很多家庭都面临的共性问题，经过需求评估和充分的准备，建立了"家长成长课堂"小组，家长们不再觉得自己面临的困惑是"家丑"抑或是单纯的教育能力问题，也不简单地将问题归因在孩子或学校身上，而是通过小组来回应和解决这些问题。有的社工站还立足家长小组的发展，进一步发现和培养家长的互助精神。许多家长通过组建妈妈互助小组，通过轮流接送孩子上下学、分组进行课业辅导和课后托管等活动，为另外一些家长腾出时间工作提供了很大帮助。该社区家庭支持网络和互助精神也得以很好地培育。

　　总之，在农村乡镇这样一个熟人社会或者至少是"半熟人社会"开展小组社会工作，一定要充分区分小组工作开展的"台前幕后"。"台前"是小组开展的活动过程；"幕后"是社会工作者基于现实生活的专业准备与运作过程；"台前"体现的是专业服务的过程，社会工作者用大众熟悉的语言，理解及回应现实需求。"台前"的内容，社会工作者明白，老百姓也明白，所有人都明白，稍作解释大家就都清楚。在"幕后"，则是社会工作者利用专业的价值理念、方法、技巧，分析服务对象的困难、问题、需求、期望，"幕后"体现的是社会工作的专业性。千万不要因为追求所谓的考核指标，错置社会工作服务的"台前幕后"，导致一线社会工作者不被理解和接受①。

---

　　① 刘战旗.台前幕后：理解社会工作的一个新视角［J］.中国社会工作，2014（13）：28-30.

## 第四节
## 小组社会工作服务的流程与技巧

### 一、小组社会工作服务的流程与专业要求

在乡镇（街道）小组社会工作服务开展的过程中，社会工作者常常会有两个疑问：一是为什么要限定和考核小组工作的次数，社会工作者长期的陪伴难道不是最好的吗？二是如何体现小组工作的专业性，开展10人左右的连续性活动是不是就是小组工作？限定和考核小组工作的次数实际上是考虑到社会工作资源的使用效率问题，乡镇（街道）社工站的社会工作服务资源特别有限，需要在一段时间内解决服务对象的需求和问题。小组工作虽然具体体现为连续的活动，但社会工作中开展的小组工作有着一整套的理论基础，强调以具有相似特征或需求的服务对象为基础开展服务，整个小组活动具有明确的目标和主题，每一次小组活动也具有清晰的主题和阶段性目标，社会工作者可以在小组服务中根据小组动力调整服务策略，最终实现小组工作目标。

我们以流动儿童城市适应服务项目为例，来说明小组社会工作的组织过程和社会工作者的角色发挥。该项目在做需求评估时，发现流动儿童城市适应问题是全方位、多层次的，需要在社会生态系统理论的指导下，从心理适应、行为适应、文化适应、社会参与和接纳四大板块开展服务，

回应流动儿童城市适应的现实需求。其中心理适应是第一大服务板块，采取的是小组社会工作方法，整个小组的大主题是"遇见最好的自己"，为后续流动儿童服务的开展打下基础。该小组通过儿童与家长自愿报名、学校老师推荐、社会工作者招募等方式成立，共有 10 名小组成员。

该小组共分为 5 个小节的服务。第一节的主题是："我是谁"自我认知活动。作为小组的第一次活动，首先，社会工作者带领小组成员一起做轻松愉快的游戏，努力减轻小组成员焦虑、紧张的情绪，并尽可能让大家彼此熟悉起来。其次，社会工作者引导小组成员彼此尊重、相互协商、团结协作，一起制定了小组契约。再次，社会工作者正式带领大家进入"自我认知"的探索环节，引导大家从多层面认识和探索自我。在该节活动中，社会工作者发挥了领导者、鼓励者、组织者、教育者等多种角色，起到了核心的作用。第二节的主题是："轻装减负"自我减压活动。第三节的主题是："做情绪的主人"情绪管理活动。第四节的主题则为："我们都爱笑"自信提升活动。在第二、第三、第四这三节活动中，社会工作者特别重视小组动力的发挥，有效处理小组成员的抗拒与冲突行为，并注意适当控制小组的进程。在其中，社会工作者扮演了引导者、调解者、支持者等多重的角色。第五节的主题是："一起走向更好的明天"。社会工作者结合影音材料，带领小组成员系统回顾了前几次小组服务的概况，用心给每一位小组成员准备了特写镜头；邀请大家分享自己参加小组活动的收获与感受，持续评估小组的成效；采取多样化的方式为小组成员的成长与进步点赞。最后，社会工作者鼓励小组成员们总结并坚守小组经验，一起追寻更好的自我，一起走向更美好的明天。

## 二、小组社会工作服务各阶段的规范与技巧

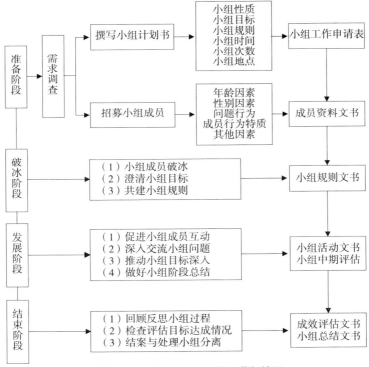

图 5-2 小组服务各阶段的规范与技巧

（一）小组工作开始前的准备工作与需求评估

小组工作与个案工作最大的区别是要以一群人共同关注的需求为焦点开展服务。区别小组成员的个别需求和共同需求，在众多需求中找到共同需求是小组工作开展的难点。

关于小组成员的个别需求和共同需求，需要社会工作

者在进行前期需求评估时特别注意，否则会在小组开展过程中面临小组骨干"一言堂"、小组动力不足甚至小组成员流失，导致小组提前结束等问题。

关于如何在众多需求中找到共同需求，可以采取一些方法进行快速筛选。社会工作者可以先通过头脑风暴方式收集意见。一般建议给每位小组成员发放 1 ~ 3 张 A4 纸和一支马克笔，让他们在每张纸上面写下一个具体的需求。社会工作者要特别关注那些没有写下需求的小组成员，协助其表达他们的需求。假设头脑风暴环节收集到了 30 ~ 50 个需求，要将每一个需求都进行详细说明的话，那么小组进程耗时会太长，小组活动难以如期结束。此时，社会工作者可以给小组成员发放彩色即时贴，请小组成员将即时贴贴在他认为小组需要讨论的 A4 纸上，最后按照投票数量多少选出得票最高的议题作为小组工作任务（这个过程中可以在小组成员讨论并认可后，适当合并同类项，以最大程度激发小组成员的主体性）。在议题比较复杂的时候，使用不同颜色的即时贴代表不同分数（如红色代表 5 分，黄色代表 3 分，绿色代表 1 分），也是不错的方法。针对那些没有入选的议题，社会工作者可以做适当的补充说明，即由于小组的时间有限，小组要遵循"少数服从多数"的原则，但是这些议题也很有意义，希望小组成员按照"多数尊重少数"的精神继续关注，或者小组发展到一定阶段可能会讨论这些议题。

（二）小组工作开始阶段的核心任务是制定规则

会议进行得不顺利、小组氛围尴尬不好发表意见、会

议中有人说话声音特别大等情况都有可能发生，而会议的
基本规则就是用于解决这些问题的。在会议开始之前提议
大家一起制定讨论的基本规则。这既是进行破冰活动缓解
气氛，也是讨论前的准备，有利于大家展开讨论。

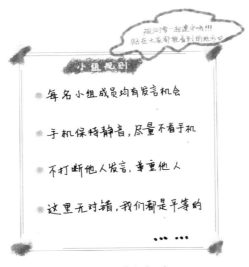

图 5-3　小组规则

如果大多数人都不知道基本规则具体是怎么回事，社
会工作者可以提前和小组成员进行沟通，准备好一套规则，
让小组成员现场讨论，根据现场讨论结果可以再增加或减
少几条。对违反规则的人开玩笑一样用黄牌提醒，如此一
来就可以在融洽的气氛下让大家遵守规则。

（三）小组工作进行过程中如何激励、引发讨论

在农村社会日常生活中，小小的村落作为共同生活的
空间过于狭小，善事恶事尽人皆知，正因为这样，村民们

不会简单地只以好坏善恶为标准评判一个人的行为，而是从人性的高度，珍视人与人之间的关系，[1]特别是牵涉公共议题时，许多村民很少"按照"社会工作者期待的小组工作规范那样来讨论问题，所以尽管社会工作者很尊重很真诚地邀请村民"您发表一下自己的意见吧"，村民往往是说不出个所以然的，或者碍于各种因素无法真实地表达自己的想法。

因此，社会工作者需要慢慢激励参与者提出一些自己的看法，然后再鼓励他们互相讨论，逐步清晰化这些看法。在实际工作中，社会工作者要学会提出富有启发性的问题（一些比较愚蠢的问题偶尔也很有效果）来激励和引发村民开始表达，逐步参与讨论。

图5-4 议题收集——小组工作讨论过程（社区参与行动）

---

① 宫本常一.田野调查·被遗忘的村落［M］.郑民钦，译.北京：十月文艺出版社，2017.

　　同时，社会工作者还要善于在小组中发现表现突出的成员，通过激励积极组员，带动其他组员，这被称为小组工作中的"涟漪效应"——就像一块石头扔进了水中，通过小组工作的动力，激发起更多涟漪滚动起来。如，在小组的开场环节常常会出现冷场现象，社会工作者可以激励小组中较为外向积极的成员先发言，然后再鼓励他周边的成员继续发言，打破冷场与不互动的僵局。

　　对于那些在小组开展过程中尚未被激发的组员，也可以用延后的"涟漪效应"来继续服务。比如，社会工作者通过给组员赠送植物种子的方法，让组员观察从种子种下到生根、发芽……最后可能长出果实，并拍照分享到微信群，以这种方式让组员不局限于小组议题，而是在生活中发现自己有更多的可能，待时机成熟时，每一位组员都有可能会在某一天探索出多姿多彩的生活。[①]

　　（四）小组工作如果出现偏离主题和中断，应该如何解决

　　在小组进行过程中，小组成员经常会在"做不到的事"和"改变不了的事"上花费太多时间。有时，社会工作者在不能"三言两语带进或带离"的情况下，就会让这种情形继续甚至合理化为这是小组成员的情绪宣泄，但当反复出现这种情形而且影响小组正常发展时，社会工作者就需要应用一定的方法及时调整，将小组成员的注意力吸引到小组任务上来。建议社会工作者用"今天要做的"和"我

---

[①]　范立科.农村精神康复社会工作服务初探——一次小组《寻获迷失的社会适应能力小组》[EB/OL].http://practice.swchina.org/sight/2020/1112/37567.shtml.

们思考的"的思路来引导，在墙的一边贴上写着"今天要做的"的大白纸，另一边贴上写着"我们思考的"的大白纸，让小组成员把各自的意见、想法写在便笺纸上（每张上写一个内容），小组成员自己判断自己的便笺应该属于哪一边并贴上去，等所有的想法都贴完后，大家一起面向贴着"今天要做的"那边继续讨论。

还有一种方法叫作停车场技巧（Park Area，PA）。在小组工作中可能会出现有的小组成员发表偏离主题意见的情况，这个时候可以使用停车场技巧来解决。在墙上贴一张大纸，上面写上字母 PA，当小组成员发表与小组主题无关的话题时，可以在得到本人同意后先记录在 PA 上，然后回到原本的讨论中来。如果该小组成员或其他小组成员再翻来覆去来说这一议题时，社会工作者或小组主持人就可以在 PA 区相应的记录上敲几下，以示偏离了主题[①]。

（五）小组工作应该特别注意提升社区民主协商议事能力

从某种意义上讲，现代社会中凡是与促进个人和社会关系发展、调适社会关系有关的团体活动，都会有意无意地、直接或间接地采用小组工作方法。所以，社会工作者在乡镇（街道）、村（居）开展工作的时候，要积极拓展小组社会工作在村民议事服务、民主协商、矛盾调解等领域的运用，推动小组工作方法在村民小组、自然村经常性议

---

① 森时彦，引导工具箱研究会.引导工具箱：解决组织问题的49个工具［M］.朱彦泽，夏敏，李猛，译.北京：电子工业出版社，2016.

事协商、农村社区社会组织、农村兴趣团队等日常活动中的应用，在村民议事会、村民理事会、村民监事会等载体中加入社会工作元素。

　　围绕村民最关心、与村民利益最直接、最现实的土地流转、公共设施建设、生态环境保护等问题，社会工作者与村（居）"两委"密切沟通，发挥小组工作在村（居）民议事协商议题上的优势，发挥社会工作在议事协商程序和规则、方式、过程、成果运用等方面的支撑作用。同时，社会工作者还应该积极和当地中小学、社会福利机构合作，将小组工作方法引入青少年教育、校外活动拓展、社区自助互助网络培育等服务活动中（中共中央办公厅、国务院办公厅 2015 年 7 月下发了《关于加强城乡社区协商的意见》，民政部办公厅于 2020 年专门下发了《关于开展村级议事协商创新实验的通知》，要求分两批指导 1000 个左右的行政村试点开展村级议事协商创新实验，围绕加强党的领导、畅通参与渠道、激发参与活力、提升议事协商实效等实践问题深化探索，为各地推进村级议事协商制度化、规范化和程序化提供可复制的经验）。

　　小组工作除了要促成小组成员间互相合作的集体行动，解决一些共性问题外，更为重要的作用是以个人能力与需要为基础，协助个人增强社会功能，促进个人和小组成员共同成长。从个人—社区关系的角度来看，要让每个人认识到自己的权利、能力与独特性，促使个人有改良的动机，学习做负责任的公民，在小组活动中学会表达、沟通、协商和解决矛盾冲突。通俗地讲，就是让村（居）民学会以"开会"的方式参与社会活动，推动民主目标前进。

（六）走出"规范、标准"的小组工作评估的专业窠臼

农村社会工作中的小组工作遇到的较大困难是小组结束阶段的评估以及第三方对社工站完成小组工作的评估。许多一线社会工作者表示，小组工作实际开展了，但是我们的小组工作和教科书中标准的小组规范和流程有区别和差距，对照教科书对小组工作进行评估常常让社会工作者有一定的专业挫败感。部分地区甚至出现上级评估时对小组完成的次数、前测后测评估、量表使用不够等提出意见，影响社工站建设的评估结果。应该说，在评估阶段可以用技术化量表、问卷等形式进行前测后测，但是这些方法在农村社区中并不具有很好的适用性，不必为了形式失去内容，也可以采用访谈、座谈会等方式进行，或者在小组活动有村（居）"两委"成员、学校教师、青少年监护人等参与的情况下，通过随机访谈等方式，来评估小组带来的实际效果。总之，服务对象能够达到参与小组的目标，而社会工作者也能够达到开展小组的目标，并在服务过程中撬动资源和带动环境改变，这才是小组工作的根本目标所在。

总之，小组工作起源于社区，与社区工作结合或应用在社区工作中，是返回小组工作的本源与起点。乡镇（街道）社工站开展小组服务，社会工作者始终要立足当地实际综融性地开展小组服务。小组服务过程是社会工作者学习成为专业小组工作者最好的课堂，社会工作者在服务中自己经历小组、观察其他社会工作者带领小组、在督导带领下协同学习并单独带领小组，保持反思式的"经验学习"，在小组工作中经历关键事件并突破关卡之后，一定会成长为优秀的小组工作者。

# 第六章

## 乡镇（街道）社工站社区社会工作服务的重点与规范

在社工站的建设过程中，社区社会工作是十分重要的，也是难度相对较大的。本章首先明晰社区社会工作的概念，指出社区社会工作具有关注社区中更为普遍性的需求、使用更为结构化的视角看待问题、需要处理更为复杂化的情境等特点；其次概括阐述社区社会工作的三大主要服务模式和五大核心原则；再次围绕社工站的特质，从实操层面介绍社区社会工作服务各阶段的工作要点；最后分享在易地扶贫搬迁安置社区开展社区社会工作的服务案例。

# 第一节
## 什么是社区社会工作服务

### 一、社区社会工作的定义

一般而言，社区社会工作是社会工作者运用专业方法解决社区问题、促进社区发展的方法和活动，是以社区居民为工作对象或服务对象，通过专业社会工作者的介入，旨在确定社区的需求，发掘社区资源，动员和组织社区居民实现自助、互助和社区自治，化解社区矛盾和社区冲突，预防和解决社会问题，从而促进社区服务质量、福利水平的提高和整个社会的进步[①]。社区社会工作具有"在社区""靠社区""为社区"的特征。

社区社会工作基本上有两重含义。第一，社区社会工作是社会工作的一个实务领域。如同在医院、学校等实务场域开展社会工作一样，在传统行政意义上的社区中，社会工作者运用个案工作、小组工作、社区工作、社会工作督导、社会工作行政、社会工作研究等多样化的方法，针对特定社区的具体需要开展服务，积极解决社区问题，发展社区能力，促进社区和谐。立足社区开展工作是中国行

---

[①]　全国社会工作者职业水平考试教材编写委员会.2021社会工作综合能力（中级）[ M ].北京：中国社会出版社，2021：205.

政性福利服务工作的传统，可以说社区是当前专业社会工作最重要的服务场域之一。第二，社区社会工作是社会工作的一种具体专业服务方法。它与个案工作、小组工作一起被称作社会工作的三大专业方法。从方法层面而言，社区社会工作的兴起与发展晚于个案工作和小组工作，但越来越受到各界的重视，在社会工作领域的重要性也在快速上升。

需要指出的是，由于我国独特的发展路径和制度架构，以及我国社会工作自身所具备的特征，相较其他国家，社区社会工作在我国扮演着更为重要的角色，也更受社会各界的期待和关注。例如，社区社会工作在促进"打造共建共治共享的社会治理格局"中可以发挥积极的作用。2021年4月，中共中央、国务院印发《关于加强基层治理体系和治理能力现代化建设的意见》，要求坚持共建共治共享，建设人人有责、人人尽责、人人享有的基层治理共同体。而在社区治理中，谁来共建共治共享，如何来共建共治共享，这一过程不仅需要理念创新，也需要在传统行政工作之外，调动新资源、借助新力量、发展新办法。实践证明，从"三社联动"到"五社联动"，在社区治理机制创新的过程中，社区社会工作都可以发挥重要的作用。在未来基层治理共同体的进一步建设和巩固过程中，社区社会工作凭借自身链接各方资源、调动各方积极性、促成各方协商合作的优势，可以持续为社区治理机制创新作贡献。

还需要指出的是，由于文化传统和社会现实的差异，我国的社区社会工作不能照搬他国经验和"西方模式"。除了传统"自上而下"的标准化理性知识实践，我国的社区社会工作更要强调在地化发展，持续形成"接地气儿"的实践经验。如此，将有助于通过"自下而上"的积极探索，更多发展和汲取当地社会的实践智慧，更好地实现乡镇（街道）社工站扎根基层、服务基层的目标，为我国发展具有本土特色的社区社会工作提供丰富的素材。

## 二、社区社会工作的特点

第一，需求识别：关注社区中更为普遍性的需求。社区社会工作经常是"从大处着眼""从整体着手"，关心的是社区层面而非单一个人或家庭层面的问题，满足的是社区的普遍性需求。例如，从人群来说，儿童友好型社区的打造，旨在为社区全体儿童的健康成长创造环境；社区互助养老模式的推动，旨在服务于社区中具有互助养老需求的老年人群体；从问题来说，解决社区垃圾处理问题，解决社区停车问题，解决社区交通拥堵问题，解决社区疫情防控问题，其目标的受益者往往是全体社区居民。因此，相较于个案工作、小组工作，社区社会工作要处理的问题更具有普遍性。在需求识别的同时，社区社会工作也非常强调社区资源或资产的挖掘，主张充分运用社区内外的各种资源满足社区需求。

第二，问题分析：使用更为结构化的视角看待问题。社区社会工作的理论假设在于，问题的产生并不全在个人和家庭本身，而是与宏观的制度环境、社会环境、时空环境密切相关。因此，在分析问题的具体成因时，社区工作从个人和家庭的病理化视角转向更为结构化的视角。与之相对应，社区社会工作方法认为，促进问题解决，除了个人和家庭的努力，政府、社区、社会皆有责任提供协助。例如，在脱贫攻坚时期产生了大量的易地扶贫安置社区。在居住空间和环境改变后，搬迁群众出现了同所迁出村庄、新嵌入安置地之间的"双重脱嵌"①。在此背景下，开展易地扶贫搬迁社区治理工作时，需要更好地理解易地搬迁政策所带来的结构性影响，从多维度分析社区居民的现实困境。

第三，工作开展：需要处理更为复杂化的情境。一方面，从合作的主体层面看，开展个案工作和小组工作时，社会工作者可以相对独立、自主地完成工作。而开展社区社会工作时却不然，社会工作者必然会与基层的乡镇（街道）政府、社区（村落）"两委"、各类社区自组织、社区居民代表等产生广泛的联系与合作。在其中，社会工作者并不是总能发挥主导和关键的作用，会受到与之合作的多方主体影响。另一方面，从服务的内容层面看，社区社会工

图6-1　社区社会工作的特点

①　张磊，伏绍宏.移民再嵌入与后扶贫时代搬迁社区治理［J］.农村经济，2021（9）：17-25.

作的开展往往涉及社区资源的再分配、社区权力关系的再建构、社会福利政策的再倡导等，比较容易与广义的政治产生关联。从这两方面来看，社区社会工作面临更为复杂的情境。因此，也更加考验社会工作者开展工作的策略和方法、处理各种关系的能力等，有时更需要在不断地博弈和利弊权衡中，寻找最优路径。

## 第二节
## 社区社会工作的主要服务模式与核心原则

### 一、社区社会工作的主要服务模式

第一，地区发展模式。地区发展模式强调在一个较大的社区范围内鼓励社区居民通过自助或互助的方式，广泛参与社区事务、解决社区问题，推动社区发展。地区发展模式包含了三个方面的意义：（一）强调它是一种以社区为基础的经济、社会、文化等实质内容的发展；（二）强调它是一种发展理念，促进当地居民的需求与当地的资源、环境和人口的协调、可持续发展；（三）强调它是一种社会工作的介入方法，推动社区居民自下而上地参与和合作，让居民集体组织起来掌握、利用社区资源，解决社区问题，满足社区福利需求，增强社区归属感和凝聚力[1]。地区发展模式是社会工作者在开展社区服务时，经常会采用的一种服务模式。该模式对乡镇（街道）社工站的启发是，在社区社会工作开展的过程中，要特别重视社区居民的深度参与，坚持"为了社区居民、相信社区居民、培养社区居民、依靠社区居民"的服务理念。此外，也要特别重视在服务

---

① 全国社会工作者职业水平考试教材编写委员会.2021社会工作综合能力（中级）[M].北京：中国社会出版社，2021：209.

进行中促进过程目标的实现，强调要培育长久的互助文化，建立和谐友善的社区氛围。

第二，社会策划模式。社会策划模式是指在理性方法指导下，依靠专家的意见和知识，在准确把握社会服务机构的使命、宗旨、政策、资源的基础上，确立社会工作目标，并依循社区工作目标的引导，从多个预选方案中选择一个最佳的工作方案，然后结合社区需要，动员和分配资源，并在工作过程中根据不断变化的实际情况随时修改计划，保障计划朝预定目标前进，在工作结束时对计划执行情况加以总结和反思，最终解决社区问题[①]。与地区发展模式不同，社会策划模式具有鲜明的"自上而下"的特点，强调社会工作者要扮演"技术专家"和"方案执行者"的角色。这对绝大多数新入职乡镇（街道）社工站工作的社会工作者而言，是比较难以做到的。尽管如此，社会策划模式亦给乡镇（街道）社工站在开展社区社会工作服务时提供了一些启发。例如，社会工作者要从琐碎、具体的服务性工作中抽离出来，要学会运用理性原则，系统性地思考社区面临的现实问题，不断提升自身的组织策划能力，并提供多元化的选择方案，努力提高服务的质量，确保社区社会工作任务目标的实现。

第三，社区照顾模式。社区照顾模式是指社区中各方成员组成的非正式网络与各种正式社会服务系统相配合，在社区内为需要照顾的人士提供服务与支持，促成其过正

---

① 全国社会工作者职业水平考试教材编写委员会.2021社会工作综合能力（中级）[ M ].北京：中国社会出版社，2021：213–214.

常的生活，加强其在社区内的生活能力，实现与社区的融合，并建立一个具有关怀性的社区的过程；其中，社区照顾的非正式网络一般由家人、亲戚、朋友、邻居和志愿者组成；正式的网络一般包括基层政府、医院、养老机构、精神障碍照顾机构、残障康复机构等单位和机构；而需要照顾的人士一般包括老年人、儿童、残障人士、精神障碍人士等[①]。在社区照顾模式中，包含了在社区照顾、由社区照顾、对社区照顾等具体的实施策略，每个策略皆有自己相应的主旨与实施重点。在农村社会逐渐城市化、流动化、空心化的背景下，农村的留守儿童、妇女、老年人、残疾人等困难群体是乡镇（街道）社工站的主要服务对象。如何精准地根据他们的现实需求，有效调动多方力量共同参与，为他们构建融合各类正式资源与非正式资源的支持系统，社区照顾模式不仅能提供有益的借鉴，还能提供具体可行的服务策略。

表 6-1 社区社会工作的主要服务模式比较

|  | 地区发展模式 | 社会策划模式 | 社区照顾模式 |
|---|---|---|---|
| 问题类型 | 需长期解决的共性问题 | 具体而复杂的个别问题 | 困难群体的照顾问题 |
| 介入渠道 | 重视"自下而上" | 突出"自上而下" | 需要上下贯通 |
| 参与主体 | 居民广泛参与为主 | 少数专家策划为主 | 正式和非正式力量结合 |
| 侧重目标 | 注重过程目标 | 注重结果目标 | 注重具体照顾目标 |

---

① 全国社会工作者职业水平考试教材编写委员会.2021社会工作综合能力（中级）[M].北京：中国社会出版社，2021：218.

## 二、社区社会工作服务的核心原则

第一，促进居民的积极参与，培养居民的主人翁意识。社区居民是社区最重要的构成要素，是社区最重要的资源，也是乡镇（街道）社工站的服务对象。各项服务工作如果没有社区居民的积极参与，很容易产生服务的适切性不足、持续性不强、成效性不高的问题。此外，社区传统"自上而下"的"大家长式"工作状态，容易使社区居民产生"等""靠""要"的"婴孩行为"，不利于社区居民自助能力的培养。因此，如何促进社区居民的积极参与，培养社区居民的主人翁意识，是乡镇（街道）社工站尤其重要的服务原则。当前，无论是在城市社区还是农村社区，受传统惯性思维和工作模式的影响，社区居民往往还习惯"被通知""被安排""被参加"的互动模式，非常依赖政府、社区"两委"、其他服务方的规划和安排，对社会工作强调参与、分享、互动的工作风格还不太习惯，很少去主动发挥自己的社区主人翁意识。乡镇（街道）社工站在开展社区社会工作服务时，一方面要警惕居民参与积极性不高，宁愿选择成为旁观者、享受者，也不愿自我行动起来的"搭便车"现象。另一方面也要有效贯彻"优势"与"增能"视角，促进社区居民的积极参与，全方面、全过程地培养居民的社区主人翁意识，进而为各项社区工作的开展奠定坚实的思想基础。

不少社区居民已经形成了"有事找社区"的习惯，也对建设好社区这个"大家"有殷切的期盼，但对于如何参与其中、如何贡献自己的力量还不太清晰，也不知道该怎么办。而社工站的社会工作者也容易陷入服务的量化考核指标之中，忙于应对各项指标任务，进而忽视了在服务中发挥社区居民主体性地位的作用，也忘却了要培养社区居民的社区主人翁意识。事实上，这些工作目标和任务，是可以有效融入乡镇（街道）社工站的各项社区工作之中的，且贯穿在每一个服务环节里。例如，在农村社区开展迎新春晚会时，社会工作者要先了解居民，看看大家希望的迎新春晚会是什么样的，大家都有些什么期待；社会工作者要与居民一起协商，应该安排哪些节目，如何体现本社区的特色；社会工作者还要拜访与动员社区的各类文化人士，邀请他们牵头组织编排各类节目。在此过程中，社会工作者要"去专家化""去主角化"，更多听从社区居民的建议，并充分支持社区居民的工作安排，肯定他们对社区的贡献。

第二，坚持以社区为基础，有效整合社区内外部资源。以社区为基础，强调乡镇（街道）社工站在工作的过程中，要重视社区内部力量的挖掘与培育，而不是单纯依赖外部资源的输入来解决社区问题。换言之，社区不仅是问题本身，也是解决问题的主体。实际上，社区是一个宝库，任何一个表面看似平庸甚至困顿的社区，都蕴藏着丰富的资源，都有向前发展的潜力。社会工作者需要以优势视角来看社区，不仅要看社区的需求和问题，也要看社区现有资源和各项潜能，持续进行社区资源考察。在此基础上，善于发掘资源、盘活资源和充分利用资源。在社区营造中，大家常常提到的有"人、文、地、产、景"五方面的资源。这五方面资源也可以作为社会工作者寻求社区资源的路线图。

其中，"人"主要是指生活在社区的社区居民以及与社区有密切关联的其他人士；"文"是指社区的文化内涵与特质，尤其是社区共同的历史文化记忆；"地"是指社区所处的地理环境、地理标识等，尤其是社区的自然地理特质；"产"是指社区的经济产业，尤其是社区内主要的支柱产业；"景"则指在社区内形成或创造的独特景观，涵盖公共空间、特色建筑、自然景观等方面。在这5个方面之中，"人"是居于核心和关键地位的，也是乡镇（街道）社工站最需要挖掘和依靠的。在城市社区，辖区内企事业单位的负责人、退休老干部、热心社区事务的积极分子、社区自组织的负责人、社区党员、社区青年志愿者以及普通的社区居民等，都是社区重要的资源；而在农村社区，各类新乡贤、返乡大学生、文化传承人、民间调解人、民间艺人以及一般的村民，皆是社区重要的资源。乡镇（街道）社工站的社会工作者应想方设法将这些人的积极性调动起来，让他们参与社区工作的全过程，有效调动他们爱乡爱土的热情，充分释放他们的聪明才智和背后的资源，共助社区发展。

第三，过程与结果双导向，关注社区居民能力的增长。社区社会工作既是结果导向的，也是过程导向的。乡镇（街道）社工站不仅要关注社区具体问题的有效解决，也要关注社区居民能力的持续增长，尤其是社区居民公共精神和意识的培育。社会工作者要注重在服务过程中对社区居民的培育和支持，使之习得解决问题的方式和途径，以便将来社会工作者的服务撤出后，遇到类似问题之时，社区居民依旧能够运用习得的经验和规则自主解决问题。换言之，社会工作者既要关注"输血"也要关注"造血"，在"输血式"服务过程中，不要忘记要激活社区的"造血细胞"，以便持续为社区肌体的运转提供养分。例如，在民主议事中，社会工作者关心的不应当仅仅是事件最终如何解决，也要关心居民是否提高了对社区事务的关注度和参与度，是否了解并能实践议事的流程、规则等。因此，社会工作者要将社区教育的目标纳入社区工作的过程中，使社区工作能增强社区居民的能力，促进社区的整体进步。

相较原来"短期项目化"的社会工作服务模式，乡镇（街道）社工站的运作优势在于它是一个相对稳定的、可衔接的、可持续的实体平台，可以长期成为社区发展的陪伴者、支持者，可以与社区居民一起成长和进步。实际上，这也是乡镇（街道）社工站设立的初衷之一。乡镇（街道）社工站的运作，一旦缺乏过程与结果双目标导向，社会工作者所提供的服务将陷入"活动化""形式化""场面化"的服务困境。例如，在实际的工作情境中，一些社工站特别喜欢以发放礼品的形式吸引社区居民来参加活动，而不注重社区居民能力的提升。于是，当有各种不错的礼品时，活动现场往往人潮聚集，而一旦礼品不可持续，或者礼品价值不高时，活动现场则门可罗雀，进而使服务偏离目标，服务的效果也大打折扣。

第四，搭建有效治理平台，形成良好社区治理共同体。加强和创新社区治理，完善党委领导、政府负责、民主协商、社会协同、公众参与、法治保障、科技支撑的社会治理体系，建设人人有责、人人尽责、人人享有的社区治理共同体，既是当前我国基层社会治理的目标，也是乡镇（街道）社工站开展社区社会工作时的必然要求与服务原则。社区治理共同体是指在社区中由党委、政府、企业、社区社会组织、居民以及其他社区利益相关者等多元主体构成，围绕"共建共治共享"的治理目标，共同对社区进行治理的有机整体[①]。社工站的社会工作者要明白，在开展社区社会工作时自己并不是万能的、自己的资源是有限的；但社会工作者可以搭建有效的治理平台，积极凝聚各方力量参与，形成良好的社区治理共同体，共同助力社区问题的解决。

在此过程中，有两个方面的内容是乡镇（街道）社工站需要明晰的。一方面，社工站只是为乡镇（街道）提供服务的多方主体之一，甚至很多时候只是发挥了辅助作用。社会工作者要多了解其他各方的工作内容和工作形式，寻找与之合作的交集点。例如，在一些刚脱贫不久的行政村，国家依旧派驻有乡村振兴驻村工作队。社工站要在这类行政村开展好社区社会工作，必然要与驻村工作队形成密切的联系，把自己的工作与驻村工作队的服务目标有机融合起来。再比如，在很多农村社区，社区居民最关心的还是如何提高自己的收入，怎么提高自己的生活水平。而在这方面，相关企业往往扮演着更关键的角色，社会工作者要能与之有效合作，共助社区居民增收。另一方面，多元主体参与是社区治理共同体建构的重要前提和基础，但在实践场域中各参与主体存在各自的治理困境，在多元互动上亦面临着巨大的挑战。因此，社会工作者要扮演好沟通、

---

① 周红云.社区治理共同体：互联网支撑下建设机理与治理模式创新[J].西南民族大学学报（人文社会科学版），2021，42（9）：199-205.

协调各方主体的纽带角色，有力发挥整合性的优势，有效应对合作过程中的多方挑战，进而促进互补效应的产生。

第五，立足地方性知识，建构本土化社区社会工作。地理、风土、习惯、文化，影响人与人之间的联结形态，人与人之间的联结又构成了社区的联结。特别是在少数民族地区、农村地区，社区文化更具有乡土性和本土传承性。在这种背景下，社区居民认识问题的视角、处理问题的方式，都可能有很大差异。例如，当地老人的养老习惯、儿童照料传统、冲突处理机制等，可能因地域文化的差异而不同。对此，全国的乡镇（街道）社工站不可能采取完全一样的服务模式，这不仅因为各地的社区形态不同、服务需求不同，还因为其地方性文化和知识的不同。须知，在学习和了解地方性文化和知识的前提下开展服务，本身也是对服务对象的一种尊重。一旦不能立足地方性文化和知识，乡镇（街道）社工站的社区工作服务，将会使服务对象认为自己没有受到应有的尊重，认为社会工作者的服务是不适合他们的，进而导致各项工作陷入举步维艰的境地。

例如，某服务团队在西部的一个少数民族社区开展应急救援培训时，因为不了解当地的文化，也没有做有效的沟通，在让社区居民扮演受伤者的过程中，给他们的头上绑了白色的纱布当止血带，结果一下子引起了居民们的震惊与反感，给后续的服务工作造成了很大的困难。因为当地少数民族群众并不了解整个活动的流程，也不清楚各个环节的意义，在这种情况下他们认为白色的纱布是其他民族的人去世之时戴着的，现在给他们戴上了，是不是要"诅咒""为难"他们？诸如此类案例，在基层社区社会工作服务中会不时地出现。

　　这就提醒乡镇（街道）社工站的社会工作者，在开展社区社会工作时应当加强对地方性文化和知识的了解与学习，主动了解当地的各类习俗和文化禁忌等内容，持续培养自己的文化敏感性和文化领悟能力，从而能够更好地融入所服务的社区，使所提供的服务能更接地气，持续提升服务对象的满意度，增进服务的效能。总而言之，我们在努力发展中国化的社会工作，推动社区社会工作专业化的同时，也要积极探索具有本土性的社会工作，促进社区社会工作的中国化。

# 第三节
## 社区社会工作服务各阶段的工作要点

### 一、认识阶段的工作要点

在社区社会工作服务正式开启之前，尤其重要的是要对所服务的社区进行充分的认识和了解，与社区建立有效的合作关系。一般来说，乡镇（街道）社工站的服务范围是整个乡镇（街道），而非单一的某个社区。尽管乡镇（街道）社工站在招募人员时，往往都会强调"本乡本土"的人员优先。但在实际中，要找到合适的"本乡本土"人员并非易事，这导致许多社会工作者在工作的初始阶段，对各个社区并不够了解，与社区还未形成良好的合作关系。为此，乡镇（街道）社工站的社会工作者特别需要在以下几个方面努力。

第一，社会工作者要对社区的基本情况进行细致的了解。对社区的性质、社区的人口统计数据、社区的公共空间、社区的权力结构、社区的交通状况、社区的教育概况、辖区的单位分布进行全面的了解，这是社会工作者基础性的工作内容。在此过程中，社会工作者可以采用分阶段绘制社区地图、社区资源分布图等方式收集资料。

第二，社会工作者要对社区的地方性知识有较为深入的了解。受地形地貌、区位环境、历史传统、经济发展、社会环境等多方面因素的影响，处于不同地域和环境的社区，其发展历史、文化传统、风土人情可能存在明显的差异，居民的价值观和生活经验也会有所不同，这会深刻影响乡镇（街道）社工站的服务。

第三，社会工作者要通过多样化的方式让社区成员认识和熟悉自己。如经常去拜访社区的工作人员、走访社区的积极分子、参加社区的重要活动、依托关键人士的引荐和介绍不时出现在社区居民的身边等，这些都是常用的让社区成员认识和熟悉自己的有效策略。

第四，了解社区已有的服务基础和服务团队，做好衔接工作。社区之前已经开展过哪些服务，服务的效果怎么样；社区针对现有的问题做过哪些努力，当时为什么没能解决；社区内还有哪些相关的服务团队，各自的服务领域和重点是什么等，这些内容都是社会工作者需要掌握的。

概括而言，社会工作者要对社区的基本情况、社区的地方性知识有较为深入的了解，并努力与社区建立良好、稳定、可靠的服务关系，尽力去掌握社区过往的服务基础，与已有的服务经验和服务团队做好衔接，为后续具体服务的开展打下良好基础。在具体的策略和方法上，广东"双百"社工采取的与服务对象"同吃、同住、同劳动"，进而置身于社区居民的生活、工作和劳作场景的模式，很值得借鉴①。

---

① 张和清，廖其能，等.从群众中来到群众中去——"双百"社会工作概论［M］.北京：中国社会出版社，2021：127.

## 二、准备阶段的工作要点

乡镇（街道）社工站在社区社会工作服务的准备阶段有四项重要的任务需要完成，包括社区问题的梳理、社区需要的分析、内外部资源的整理与盘点、相关各方的协调与联络。以此明确后续服务的开展方向、做好服务资源的筹备工作、争取最广泛的支持与合作力量。具体来说要做好以下几点。

第一，对社区的问题进行梳理。社会工作者需要识别与澄清目前社区存在的各类问题，厘清社区问题的起源与成因，评估社区问题对各相关方的影响，确定适合社工站参与解决的社区问题。

第二，对社区的需要进行分析。简单来说，社区需要可以划分为规范型需要、感觉型需要、表达型需要、比较型需要四种。社会工作者要综合考虑社区的各种需要，并据此设定后续介入服务的重点和目标。

第三，整理与盘点社工站和社区的各类资源。相较个案工作、小组工作，社区社会工作是一种更为复杂的工作方法，更需要各类服务资源的有效投入。乡镇（街道）社工站要充分考量自身和社区的服务能力与资源状况，做好人员配置与训练、资金募集与管理、项目资源的匹配和落地等工作。

第四，联络与协调好各相关单位。基于乡镇（街道）社工站的身份角色，以及社区社会工作的政治属性，社会工作者在开展具体的社区服务行动前，就要与社区的相关方进行充分的沟通与协调，获得他们的认同和理解，听取他们的建议，争取他们的支持。在此过程中，乡镇（街道）领导、社区"两委"成员、社区居民代表、社区积极分子、服务项目的购买方、辖区的相关单位，皆是社会工作者可以联络和协调的对象。

乡镇（街道）社工站要特别注意采用适宜的方式，多向所属区域的乡镇（街道）主要领导汇报与请示，争取将社工站的服务与乡镇（街道）的中心工作有效融合起来；也要多和社区"两委"的负责人协商，并与之形成密切的合作关系，进而获得源源不断的后续支持，为社区工作各项服务目标之实现奠定坚实基础。否则乡镇（街道）社工站的服务容易陷入社会工作者"单打独斗""勉力维持"、缺乏有效支撑的服务困境。

### 三、启动阶段的工作要点

在社区社会工作服务的启动阶段，乡镇（街道）社工站有三项重要的任务需要完成，包括工作目标的明确与宣导、社会工作服务的被看见、社区互助力量的逐渐形成。

第一，工作目标的明确与宣导。需要指出的是，因为乡镇（街道）社工站的工作人员大多是初步涉猎社会工作服务领域，所以往往容易将完成多少场活动、服务到多少人次作为服务的目标，而不明白开展活动、实施各类服务背后的目的，才是社会工作者真正需要实现的目标。社会工作者要明确在不同阶段的具体目标，并要同相关各方，尤其是同服务对象做好沟通工作，以此明确各自的任务和行动方向。

第二，社会工作服务需要被看见。社会工作者要明白，在乡镇（街道）社工站现实的工作情境中，特别是在服务的初始阶段，往往是社会工作者在"找寻"服务对象，而非服务对象主动来找社工站寻求社会工作者的协助。因此，如何让社会工作的服务被看见、被理解、被认同，在服务的启动阶段尤其重要。社会工作者要在服务的一开始就全力地投入，热情地参与，通过"服务带动服务"，让更多的人一起来参与服务，一起来建设社区。

第三，社区互助力量的逐渐形成。社会工作者要明晰，尽管自己是专业的助人工作者，但要做好社区社会工作服务，关键是要与当地的各方力量共同成长，要真正让当地的社区居民发挥社区主人翁意识，要与他们成为一起行动的伙伴。要在具体的服务过程中，逐渐发现和挖掘社区的各类积极分子，通过多种渠道对他们进行成长增能培训，引导他们带头参与各项社区服务工作，进而促进社区内各种互助力量的形成。

### 四、巩固阶段的工作要点

在社区社会工作服务的巩固阶段，乡镇（街道）社工站也有三项具体的任务需要完成，包括确保阶段性工作目标的实现、进一步拓展同相关各方的联系与合作、建立相对稳固的居民互助组织。

第一，确保阶段性社区工作目标的实现。社区社会工作的巩固阶段，往往处于服务项目中期评估的时期，乡镇（街道）社工站需要向政府相关部门、项目资金的赞助方、社会工作机构内的主管系统汇报服务的阶段性成果，争取后续服务资金的及时注入、服务力量的持续投入。社会工作者要系统梳理社区社会工作已有的成效，并做好相关的宣传总结工作，增进各界对乡镇（街道）社工站的积极认可。

第二，进一步拓展同相关各方的联系与合作。在这个阶段，经过前期的探索与磨合，乡镇（街道）社工站与基层政府、社区"两委"、辖区企事业单位、社区自组织、其他社会组织、社区居民，各自在社区工作实践中的作用与角色已日渐明晰。社会工作者可以一一拜访这些多元主体，分享前期社区社会工作的积极成果，对他们的帮助和支持表示感谢，听取他们的工作建议，并寻求他们更深入、更丰富、更持续的支持。

第三，建立相对稳定的居民互助组织。到此阶段，社区居民对社会工作者已经比较熟悉，也明晰了乡镇（街道）社工站的工作模式。社会工作者要趁此机会，进一步挖掘社区的各类骨干分子、积极分子，协助社区居民建立各类相对稳定和持续的互助组织，包括社区兴趣团体、守望互助队、青年志愿服务队、社区友爱妈妈团等多样化组织。在各类居民互助组织建立之后，社会工作者可以持续为它们链接所需的各类资源，提升它们进行自我服务、自我管理、自我互助的能力。

### 五、评估阶段的工作要点

在社区社会工作服务的评估阶段，乡镇（街道）社工站同样有三项具体的任务需要完成，包括对社区社会工作服务进行多类别的评估、新阶段社区需求的再评估、社区工作服务的再深入与经验推广。

第一，对社区社会工作服务进行多类别的评估。一般来说，服务评估可以简单分为过程评估、结果评估、效益评估3种类别。过程评估注重对工作过程进行描述，有助于社会工作者系统回顾开展社区工作以来的具体工作内容与方式；结果评估，注重考量实现了多少既定的服务目标，产生了哪些非预期的服务成效，有助于评估具体的服务成绩；效益评估重视投入和成效的收益分析，有助于社会工作者优化资源配置，提高服务效率。在开展评估时，可以分别从服务对象的改变、社会工作者的个人成长、社会工作机构的良性发展、社区的多层面受益、社工站的有序运转、相关合作伙伴的评价等角度进行。

第二，对新阶段社区需求进行再评估。需要指出的是，社区社会工作通常是长期的、持续性的工作；社区的需求也是多样化、多阶段的，常常是满足了这些需求，还有那些需求；解决了浅层的问题，还有更深层的问题。因此，对新阶段社区的具体服务需求进行再评估是非常有必要的，这些评估也是乡镇（街道）社工站后续开展服务的基础。

第三，要做好社区社会工作服务的再深入与经验推广。一方面，乡镇（街道）社工站可以在单个社区服务的基础上，根据社区后续的服务需要，有效考量自身的服务能力与资源状况，开展更加深入的社区社会工作服务，积极扩大服务的深度和广度。另一方面，乡镇（街道）社工站可以及时总结以往社区社会工作服务正反两方面的经验，在进一步优化具体服务内容、完善服务输送模式的基础上，将成功的社区社会工作服务带到服务区域内的其他社区。结合这些社区的实际情况，在党委政府的领导下，因地制宜地开展各类社区服务工作，积极扩大服务的覆盖范围，让更多的城乡社区、更多的社区居民受益。

## 第四节
## "彝路相伴"凉山州易地扶贫搬迁社区治理服务案例 [①]

四川省民政厅坚持问题导向，积极发挥社会工作专业优势助推易地扶贫搬迁集中安置社区治理，于 2020 年在四川省凉山彝族自治州 6 个特大型易地扶贫搬迁集中安置区策划实施了"彝路相伴"三年行动计划，并于 2021 年在全省推出"牵手伴行"行动计划。这两个行动计划采取省民政厅支持、市（州）为主体、高校指导、社会工作者参与的"厅—州（市）—校—社"合作模式，通过以党建为核心、社区为平台、社会工作者为纽带、社会组织为支撑的社区治理行动，着力构建"党建引领＋综合服务＋综治保障＋科技赋能"的社区治理新框架，推动建设既有活力又有秩序的新型社区，防止搬迁群众规模性返贫。其中，由西南财经大学对口帮扶实施的美姑县牛牛坝镇北辰社区治理行动，就是"彝路相伴"行动计划的典型缩影。

### 一、服务背景

易地扶贫搬迁是以习近平同志为核心的党中央为打赢

---

① 本案例的部分内容，已发表于《中国社会工作》2021 年 9 月上刊，原标题为《当搬迁安置社区邂逅社会工作》，作者为李权财。

精准脱贫攻坚战、全面建成小康社会所采取的重大战略举措，被认为是解决贫困地区"一方水土养不起一方人"的治本之策。"十三五"期间，全国共建成易地扶贫搬迁集中安置点3.5万个，960多万贫困群众搬入居住。四川省凉山彝族自治州曾是全国脱贫攻坚主战场之一，被视为是影响四川乃至全国夺取脱贫攻坚全面胜利的关键地区。习近平总书记曾于2018年3月亲赴大凉山视察指导脱贫攻坚工作。2020年12月，凉山彝族自治州已实施易地扶贫搬迁7.44万户、35.52万人，建成集中安置点1468个，其中不乏6000人以上的大型安置社区，搬迁的规模和人数均为四川省之最。位于凉山彝族自治州腹心地带的美姑县牛牛坝镇北辰社区是美姑县最大的易地扶贫搬迁集中安置社区。社区建成于2020年5月，安置了美姑县13个乡镇、62个行政村的脱贫户，现有1695户，总人口8412人。

在巩固拓展脱贫攻坚成果同乡村振兴有效衔接的关键时期，为积极发挥社会工作的专业优势，有效助推凉山州大型易地扶贫搬迁社区的治理，在四川省民政厅的支持和指导下，西南财经大学社会发展研究院与相关单位一起，自2020年8月开始在北辰社区实施了"彝路相伴"凉山州大型易地扶贫搬迁社区治理项目。社会工作服务团队以解决社区问题为导向，以促进社区善治为目标，开展了一系列的社区社会工作服务行动，成效明显，该项目持续并拓展到更多的搬迁社区。

## 二、分析预估

第一，扎实的预估调研。

2020年8月，服务团队先后两次前往本案例的具体服务场域——凉山州美姑县牛牛坝镇北辰社区调研。通过大范围的问卷调查、参与式观察、召开座谈会、个别化访谈等方式了解社区治理的需求，并收集当地相关政策、文件等，形成体系化的调研报告，并基于调研报告初步制订了社会工作参与社区治理的服务方案。为了更深入地了解易地扶贫搬迁社区的情况，2020 年 12 月，社会工作服务团队再次前往凉山州开展调研。社区当前的治理情况如何？还存在什么问题？后续还可以怎么办？专业社会工作应该如何介入？带着这些问题，团队通过访谈民政局干部、乡镇干部、社区干部、社区居民，通过参与式观察的方式，了解易地扶贫搬迁社区的最新情况。在此过程中，社会工作服务团队尤其注重邀请社区居民参与，多渠道收集社区居民的意见，听取他们对社会工作服务的期待。深入、扎实的预估调研，为系统分析易地扶贫搬迁社区治理的需求奠定了坚实的基础。

第二，社区治理需求预估。

首先，社区内各类困难人群需要得到精细化的服务。作为安置规模超过 6000 人的大型易地扶贫搬迁安置社区，社区内相对困难的困境儿童多，大规模外出务工导致的留守妇女多，远离了传统生产生活环境的老年人口多。这三类不同的困难人群服务需求十分突出。如何有效调动各方资源，满足他们多样化的预防性、治疗性和发展性需求，提升他们在易地扶贫搬迁社区的生活质量，是亟待解决的现实难题。

其次，社区治理中社区居民的主体性意识尚待提升。在易地扶贫搬迁安置社区这种非自然形成的新社区之中，社区居民的主体性意识还不强是现实的难题。社区居民是社区治理的主体，也是社区善治的直接受益者。让居民参与社区治理，既有助于实现基层治理目标，更有助于强化社区内生动力，从而实现社区治理可持续发展。要真正以居民共治为理念，从多个层面提升社区居民参与社区治理的积极性。

再次，社区治理中社区干部的理念与能力有待改变。在矛盾重重的新型社区之中，科学的治理理念以及过硬的治理能力是做好各项治理工作的基础。易地扶贫搬迁社区的干部们在工作中的"管理"思维仍旧多于"服务"思维。在新时代的社区治理中，如何增强社区干部的治理意识和治理能力，充分发挥他们在社区中的关键作用，成为易地扶贫搬迁社区后续治理工作的重中之重。

最后，社区治理中社区居民积极融入社区的需求强烈。易地搬迁集中安置社区打破了原有的传统农村聚落格局，改变了原有散居的生活环境和居住条件。搬迁群众从村民转变为居民，从熟悉的空间转到了陌生的空间，从紧密的社会关系网络转向了疏离的社会关系网络。面对新的生活空间、新的社会环境，社区居民需要进行社会关系的重构，需要有更加积极的社区融入。

### 三、具体服务内容

在评估好社区的具体需求后，服务团队通过召开座谈会等方式，持续与美姑县民政局、牛牛坝镇党委政府、北辰社区"两委"沟通与协调，了解社区现有的服务资源、过往的服务模式，共同确定服务的整体目标和工作的推进路径。其后，在相关各方的共同支持下，开展了以下几个方面的服务。

　　第一，困难人群服务计划。社会工作服务团队服务的是安置规模超过 6000 人的大型易地扶贫搬迁安置社区，社区内的老年人、儿童、妇女等困难人群非常多，各类预防性、治疗性和发展性需求十分突出。团队首先将他们作为服务的重要切入口，聚焦他们的现实需求，通过多样化的服务形式，多层次的服务内容，提供针对性的服务，积极营造社区的温暖感。

　　第二，社区干部提升计划。要做好社区治理工作，社区干部是非常关键的因素。一支有澎湃的工作激情、有清晰的工作思路、有新时期治理理念的社区干部队伍，是社区逐步走向善治的有力依托和根本保障。社会工作服务团队在专业督导的协助下，量身定制了系统培训方案，促进社区干部治理水平和治理能力的提升，协助他们从管理思维转向服务思维。

　　第三，社区青年升华计划。社会工作服务团队特别注重培育社区本土的服务力量，与当地团委等部门充分合作，把社区内的青少年组织起来开展"成长引领计划"，在激发他们的学习热情、提升他们的综合能力的基础上，引导他们热爱、感恩、服务自己的社区，并形成组织化的志愿服务团队，促成他们从受助者转向助人者，为社区培养一支带不走的服务队伍。

　　第四，社区居民融合计划。易地扶贫搬迁安置社区作为一种新型特殊社区，突破了滕尼斯关于社区的理想类型。在居住空间和环境改变后，原有社区共同体遭到破坏，社区居民容易产生不同程度的社区疏离感等情绪。社会工作服务团队通过开辟"社区故事汇"讲坛、搭建社区治理参与平台、举办公共性活动，协力营造社区共同体意识，提升居民的社区归属感和融入感，进而实现积极的社区融合目标。

## 四、服务成效

社会工作服务团队在专业理念的指引下，用心、用情、用专业开展各项社区治理服务，使社区的各类困难人群从不同的层面获得一定的服务，感受来自社会各界的温暖与关怀，他们各自的需求得到一定程度的满足，在易地扶贫搬迁安置社区的生活幸福感明显提升。社区干部们对基层治理的理念有了更深的理解，对社区事务规范化管理的要求有了更全面的认识，治理意识和治理能力有了明显的提升。社区内的高中生、大学生们，通过持续参加"青年引领计划"，对自己的学习有了更强的动力，对参与各项社区服务有了更多的积极性，已成为社区内一道亮丽的风景线。彝绣能手、文化传承人、最美志愿者、创业先锋等社区内各行各业的代表人物被一一发现，并逐步被培养为参与社区治理的骨干。广大社区居民的主人翁意识持续增强，他们对社区的认同感和归属感进一步提升，正在从心理、文化、生活等层面积极融入社区新生活。总的来说，"自治、法治、德治"有机结合的社区治理体系正在有序形成，夯实了易地扶贫搬迁安置社区后续发展的基础，助力了搬迁群众"搬得出""稳得住""融得入"。

## 五、专业反思

第一，在文化敏感层面。首先，进入民族文化特质鲜明的凉山彝族地区开展社区治理工作，社会工作者需要不断加深对服务对象的认识，要尊重他们的文化传统，要理解他们的历史变迁与生活脉络，如此才能基于他们的真实需求开展各项服务。其次，社会工作者要努力融入服务对象的生活情境中，要不断地走进他们的文化世界里，方能与他们建立起真正有效的服务关系。最后，社会工作者尤其需要放下社会所建构的专家身份，持续以情感为导向，与搬迁社区的居民、当地的工作人员以真心换真心，获得他们发自内心的信任，进而形成友好互助的合作关系。

第二，在理论视域层面。本案例从服务方案设计到执行的过程中，在不同的服务阶段，面向不同的服务对象，采取不同的服务策略，运用了不同的理论，例如，运用了生态系统理论、增权理论、优势视角、文化敏感等理论。各个理论皆有自己的作用，有的理论提供解释框架，有的理论指导介入策略，也有的理论提供宏观视角。随着各项服务的深入推进，团队深感在整个项目中需要综融性的理论模式来做支撑。"以社区为基础"或者是"以社区为本"的综融性理论视角，是比较适宜的。

第三，在资源整合层面。当前，随着各界对易地扶贫搬迁社区治理的日益重视，多元治理主体积极参与的格局不断成形，丰富的公共服务与资源集中下沉至易地扶贫搬迁社区。社会工作者如何协调与整合这些多元化的服务与资源，发挥出最大的整合效应，已成为社区治理过程中需要有效解决的现实难题。社会工作者要以提高效能为目标，以社区为平台，推动建立资源统筹协调机制，进而将各个条块、各个单位在社区的服务力量有机整合，以充分实

现资源的优化配置，提高资源的利用率，持续增强服务的
效能。

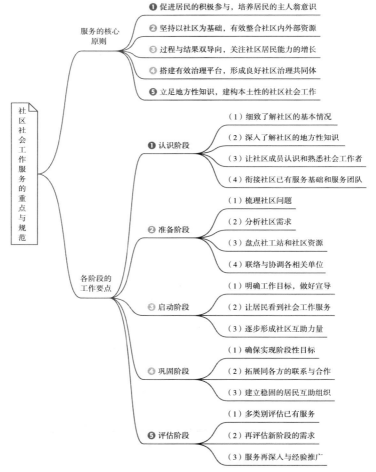

**图6-2　乡镇（街道）社工站社区社会工作服务的重点与规范思维导图**

# 第七章

## 乡镇（街道）社工站督导服务的重点与规范

如何保障社工站高质量、专业化发展成为乡镇（街道）社工站建设的核心议题。很多乡镇（街道）社工站都处于县域一级或相对偏远的地区，这种区位状况让人才招聘和社工队伍建设困难重重。在这样的情况下，本土化的社会工作人才培养成为首要问题。如何在社工站内部建设专业人才培育与督导机制就显得更为重要。本章从社工站督导的功能定位、如何开展社会工作督导服务、社工站督导的流程与推进逻辑三个角度展开论述，立足社工站的实际，构建一套完整流程体系和推进逻辑来保障督导服务的完成与效果的实现。

# 第一节
## 为什么需要社会工作督导服务

社会工作服务更多是一种双向的、双方合作和配合、相互影响的动态过程，互动的复杂性对助人者的知识、技能、经验、心理等都提出了较高的挑战，若助人者在职业生涯成长中没有机会得到帮助或学习，不仅会影响"助人者与受助者之间的互动过程"，也会导致助人者自身的心理困惑甚至是心理危机，导致职业中断或失败。[①]所以对助人者的支持与帮助一直是社会工作行业的重要环节，有社会工作督导也是社会工作区别一般志愿服务和公益活动的重要特点。乡镇（街道）社工站建设的人才导向更是要求专业化与本土化并重。新设的乡镇（街道）社工站很多都处于县域一级或相对偏远的地区，实际的区位状况本就让人才的招聘困难重重，更不用说招聘到受过科班训练的社会工作专业毕业生或持证人员。在这样的情况下，重视本土化的社会工作人才培养成为社工站建设首要的问题。而本土化要求社工站的工作人员要尽可能地了解和理解当地风土人情。如何在社工站内部建设专业人才培育与督导机制就显得更为重要。督导是实现社会工作机构专业化、个性化，进而实现最

---

① 张威.社会工作督导的理论与实践分析：国际发展与国内现状［J］. 社会工作，2015（3）：9-21.

佳服务成效的重要保障。尤其在当前人才队伍素质层参差不齐的状况下，良性的社会工作督导机制能够有效提高社工站的专业服务水平。

督导作为社会工作服务的基石，其目的包括：改进服务决策和干预的质量；提升管理品质及相关方责任；协助社会工作者识别和获取个人学习、职业生涯发展的机会；识别并共同商讨有关服务工作量和工作负担的议题。西方社会工作界认为督导还有教育、行政和支持三大功能。教育功能是指督导者向被督导者提供其工作所需的知识与技巧；行政功能涉及职责澄清、工作计划制订与任务派遣、绩效评估、社会工作者义务与责任的明确以及部门协调等工作；支持功能主要是指帮助被督导者处理与工作相关的压力、态度和情绪问题[①]。虽然关于社会工作督导的定义及其必要性有不同的声音，但对于督导能够促进服务更专业、更有效、更理性，各界达成高度共识。本章将结合学理和实践经验，从更具操作性的角度，梳理督导机制在社工站建设中的重要作用和发展路径。

## 一、专业的保障：确保社工站服务的专业性

保证社工站助人服务的专业性是站点建设的核心。督导就是一个为社会工作者提供专业支持的过程，保证社会工作者个体或团体的价值观、知识、服务技能和手法符合专业理念和宗旨，提高他们的服务质量，确保服务对象得到专业且

---

① 阿尔弗雷多·卡杜山，哈克尼斯.社会工作督导［M］.郭名倞，译.北京：中国人民大学出版社，2008：21.

有效的服务。

良好的督导机制能较好地为社会工作者提供高质量的陪伴、指导和鼓励，协助社会工作者将专业理论知识有效转化为实践，同时针对服务中碰到的各类问题，与社会工作者一起应对，通过对话的方式引导社会工作者找出有效的回应方法，用社会工作专业方法解决问题。

乡镇（街道）社工站所面临的问题具有多元性与复杂性，主要涉及行政方面的困境、社工站机构发展困境和社工站人员发展困境三个方面。行政方面的困境主要有社工站宣传不够，服务影响力小和社会认可度低、社工站服务评估指标不统一以及社会工作者的工作行政化严重；机构发展困境体现在社工站难以找到发展的突破口、基层社会工作服务重形式而轻专业知识、社会工作者对自己的身份认同感低；人员发展困境有一线社会工作者专业化程度不足，督导难以有效发挥作用、部分社工站所处区域经济发展较为缓慢，无法招揽和留住专业人才，专业社会工作者与乡镇实际社会工作者之间不能相互交流学习和融合发展。这些问题无疑对督导的专业能力提出了更多的挑战和更高的要求，其中最为重要的一点是督导如何本土化。本土化是指社会工作理念、价值观、工作模式从强势、中心区域向弱势、边缘地区拓展后，结合本土社会状况，形成指导地方实践的本地化理论体系的过程。[①] 乡镇（街道）社工站的专业服务逻辑是追求服务型治理，以社会工作专业的服

①　高芙蓉.社会工作在地化的脱嵌与重嵌［J］.中州学刊，2021（3）：69-74.

务来助力基层治理。因此，做好乡镇（街道）社工站的督
导就要求督导者应当结合当地地理环境、人文、民俗等在
内的实际情况，与社会工作专业有效融合，并加以运用，
不断实现督导的本土化。作为乡镇（街道）社工站内部督
导者，应当熟悉乡镇（街道）社工站所在区域的基本情况，
有针对性地指导社工站人员理论联系实际地开展服务，将
专业性与地域性更好地结合起来，[①] 帮助乡镇（街道）社工
站用服务满足当地需求，使乡镇（街道）社工站能够融入
基层治理体系之中。

### 二、行政的指引：确保社工站建设的规范性

督导作为社会工作专业服务品质的保证，不仅需要关
注服务任务的组织工作和服务技能的提升工作等直接的专
业指导，还需要关注社会工作者个人的专业发展和社会工
作机构的运行管理等间接的专业指导[②]。乡镇（街道）社工
站嵌入乡镇（街道）行政部门，与社会工作机构的项目制
运营相比，督导更需要关注政府部门的行政议题。

在乡镇（街道）社工站的行政督导上，可以从内外两
个方面进行支持与指导，助力社会工作者的工作行为更为
符合站点和基层政府的基本要求：1. 站点内部，引导社会
工作者的工作按照专业机构的制度和流程展开与推进，引
导他们熟悉机构制度、工作守则、服务流程，掌握站点各

---

① 徐华.关于乡镇（街道）社工站督导问题的思考［J］.中国社会工作，
2021（34）：25-26.

② 童敏，史天琪.本土社工机构督导的层次和功能：一个探索性框架
［J］.社会工作与管理，2018，18（1）：5-10.

种报表的规范使用，从行政层面上提升服务的规范性，树立站点的专业形象；2. 站点外部，基于社工站的区位，引导社会工作者熟悉基层党委、政府的行政规则，了解合作街道（乡镇）、社区的基本工作方式和工作特点，以一种更符合当地行政部门实际情况的方式进行合作对话和开展服务，形成良好的基层社会治理体系。但由于内外督导体系存在区别，因此，乡镇（街道）社工站在厘清各方关系的前提下，还要进行有针对性的个别化督导，才能更有效地发挥专业效果，采用内外力相结合的方式规范社会工作服务的行政流程，树立社工站点的专业形象，以更有效的生态状况开展服务。

### 三、个人的支持：确保社工站人员的稳定性

乡镇（街道）社工站的区位一定程度上限制了专业人员的加盟，专业因素的欠缺一定程度上又增加了专业人员的不稳定性和流失率，所以社工站人才队伍建设的紧迫性尤为严峻。督导可以建立以能力为中心的人才培养体系，拓宽网格化的朋辈支持途径，以柔性化的方式积极为站点的社会工作者提供相关的个人支持，引导社会工作者树立与专业发展相适应的职业规划，减少团队人员的流动，提高基层专业服务质量。

督导可以从两个方面给社会工作者提供个人支持，助力社会工作者做好规划，自我减压：1. 协助站点工作者对社会工作职业建立整体性认识，让社会工作者明白专业成长的路径和职业晋升的方向，引导他们尽可能立足站点的建设规划要求，同时结合自身的情况，制定自身的职业生

涯规划，形成一种站点支持个人成长、个人助力站点发展的良性互动机制；2.针对社会工作者在服务困难群体时遇到的困惑，包括价值冲突、服务的无力感、对话渠道的不畅通等，督导可以通过包括团建、个别辅导在内的多种形式与社会工作者共同寻找应对问题的措施，为社工站的一线社会工作者提供释放情绪和缓解压力的途径，及时为社会工作者提供心理支持和工作帮助。通过督导支持，使社会工作者适时调整工作状态，自如积极地处理工作中的负面信息，以平稳的心态推进各项服务工作。通过整体与个人的支持，加强社会工作者对工作和站点的认同感和归属感，有序促进社会工作者的职业成长，保持社工站人员的稳定。

### 四、关系的调解：确保社工站体系的融合性

乡镇（街道）社工站的嵌入性建设特质决定了站点的社会工作者要处理更多的关系，涉及内部的站点负责人、上级主管、同事、同区域同工以及外部的机构、乡镇（街道）政府、村（居）委会、合作方、各类社团等方方面面。在这类问题的辅导中，督导者要协助社会工作者遵循社会工作的专业伦理和守则，分类别地进行对话，提高社会工作者处理关系的能力，培育良好的工作生态。

督导在关系的调解上，并不是直接代替社会工作者，主要是协助社会工作者学会协调与他人的关系，特别是面对不同的主体，要有针对性地进行对话。引导社会工作者站在站点体系建设的角度审视各方关系，用系统的理念来经营和处理各主体间的关系。督导工作的核心要义就是在关系的调解中提高社会工作者整合资源的能力，努力将

各个方面促成一个有机的服务整体，助力专业服务的有效展开。

表 7-1　督导的功能与主要目标

| 督导的功能 | 督导的主要目标 |
|---|---|
| 专业的保障：<br>确保社工站服务的专业性 | ○保证社会工作者的价值观、知识、服务技能和手法符合社会工作专业的理念和宗旨<br>○提高服务质量 |
| 行政的指引：<br>确保社工站建设的规范性 | ○社会工作者的工作行为符合站点和基层政府的基本规范要求<br>○树立社工站的专业形象，以更有效的生态状况开展服务 |
| 个人的支持：<br>确保社工站人员的稳定性 | ○为社会工作者提供个人支持<br>○引导社会工作者制定长远的职业规划，减少人员的流动 |
| 关系的调解：<br>确保社工站体系的融合性 | ○提高社会工作者处理关系的能力<br>○让社会工作者学会经营与他人的关系<br>○提高社会工作者整合资源的能力 |

## 第二节
## 如何开展社会工作督导服务

设立督导岗位是保障社会工作服务专业性的重要机制。督导除了履行情感支持与行政支持的职责，更为重要的职责是有效地为一线社会工作者提供持续、贴身的专业支持，有力地陪伴社会工作者成长。但是，从当前大部分县域新设的乡镇（街道）社工站的情况来看，督导人才严重不足，一线社会工作者专业服务支持力度不够。督导人才不足这个问题不解决，乡镇（街道）社工站社会工作者的成长就只能依靠自己来摸索。时间久了，社会工作者会越来越依赖于个体自身经验，专业性也可能会不断弱化，最终变成一个完全的"经验型社会工作者"[①]。

根据可行性原则，构建有效的乡镇（街道）社工站督导机制，可以从内部和外部两方面入手。从县域内部入手，立足当地人才队伍结构划分的实际，整合县级社工站的力量，组建与培育本地督导队伍，为乡镇（街道）、村（居）两级的一线社会工作者提供实地督导，与社会工作者共同面对服务对象、解决服务对象的问题，以协同行动的督导方式确保服务难题第一时间得到回应。从县域外部入手，

---

① 徐华.关于乡镇（街道）社工站督导问题的思考［J］.中国社会工作，2021（34）：25–26.

可以与社会工作发展较早、较好的地区结对子，引入外部专业力量的支持，形成"手牵手"的对口督导机制，以"请进来"和"走出去"的方式举行社会工作者的定期培训、小组督导、外出学习等，确保一线社会工作者在服务过程中遇到的问题能够及时得到多方位的专业支持与回应。通过内部机制和外部机制建设，培育一批稳定的本土社会工作专业人才队伍，保障社工站的服务质量。基于建设本地督导队伍和引进外部专业督导力量两个督导机制的融合，立足现实，乡镇（街道）社工站督导工作可以采用以下 4 种形式开展和推进。

## 一、集中培训式督导

针对当前乡镇（街道）社工站人才队伍的现实情况，在社工站建设初期采用集中培训式督导很有必要，也相对可行，同时也在一定程度上暂时缓解了县域社会工作督导人才不足的困境。集中培训式督导以定期且限定参与者范围的方式进行，每次督导围绕一定的主题课程进行设计。培训课程可以包含：追寻服务场域的历史印记、把握社会工作者服务的边界、澄清社会工作者专业身份、社会工作者专业素质提升与技能培训等主题知识，让社会工作者系统化地学习入户、危机预防、人群分类管理等专业知识，帮助其掌握空间活化的技能。这类督导的目的主要是为社会工作者提供职场基本技能、站点服务的总体规划和专业基础服务技能的引导。最后督导及时引导社会工作者回归乡村社区这一服务本体，完成从人群服务到平台服务的转变，从而助力本土化的社会工作专业人才队伍建设，推动社会工作专业服务的高质量发展。

在职场基本技能方面，主要为社会工作者提供日常工作礼仪、人际沟通、团队协作、工作计划、新闻传播、文本档案管理等方面的培训；在总体规划方面，主要让社会工作者对站点建设有基本的认识，包括对乡镇（街道）社工站建设的政策背景、站点的定位、站点服务的职责和功能、站点建设的基本准则、工作开展的各类指引等方面的认识；在专业基础服务技能的引导方面，主要围绕基层政府的行政规范、社会工作服务的基本伦理、需求评估、服务设计策略、主要专业服务方法、资源整合策略、关系处理策略、服务总结与宣传策略等设计课程，为站点的社会工作者提供专业知识的普及和指导。集中培训式督导可以为社会工作者在站点的基本服务方面做好基础性的铺垫，既能在一定程度上保障人员的基本专业素养，也能确保站点起步服务的专业方向，避免站点建设出现原则性的偏差。

## 二、团体议题式督导

团体议题式督导是督导员围绕共同议题和多个社会工作者共同对话，同时回应他们共同的服务困惑。在多个站点设定一定层级的团体督导在当前的社工站中是较为可行的督导形式。虽然各个站点的情况会有所差异，但是乡镇（街道）社工站中社会工作者的背景大致相近，在服务工作推进过程中面临的问题具有共同性。团队议题督导就是针对站点建设初期和服务供给起步所面对的共同难题，进行小组式督导，可以设计的督导议题有：如何入场、建立关系、确定服务对象、评估需求、整合相近资源、协同和调解基层关系等。团队性的督导也对社会工作者提出了一定的要求，比如要能准时参加督导活动、愿意分享和对话、注意保密、遵循社会工作伦理等。团体议题式督导能够在效率和个别化上实现一定的平衡，既回应当前乡镇（街道）社工站督导人员不足的困难，也回应了站点工作者遇到困难时的焦虑。

## 三、个案对话式督导

个案对话式督导是督导者与社会工作者个人围绕服务中各类关系的处理、服务方案的设计、职业成长的困惑、个人情绪的疏导等问题进行"一对一"的对话，目标在于通过二者之间的协商，协助社会工作者处理相对秘密的服务事项或个人隐私议题。个案对话式督导能有效地回应社会工作者个别化成长与支持的需要，一般会遵循"经验→反思→分析→行动"的循环周期，督导会围绕社会工作者的价值观、基础知识、实践技巧、情感支持和归因技巧进行深入的对话。这样的督导需要督导者和被督导者合作，一起理解服务对象的经验，以及社会工作者的服务经验。然后通过分析被督导者对服务对象的情感回应来反思这种经验，并允许探究被督导者对所发生事件的直接反应和感受。经历和情感回应在情境中被分析和探索的同时，还会帮助被督导者运用知识和实践智慧形成解决问题的看法[①]。这种正式的、有计划的"一对一"会谈能持续关注社会工作者的个人成长和服务计划的

---

① WONNACOTT J.社会工作督导［M］.赵环，等译.上海：华东理工大学出版社，2015.

开展，具有可预测性和规律性，并最有可能促进一种积极关系的发展。个案对话式督导是督导中最重要和有效的方式，但是相对而言，这种督导方式所付出的成本也较高。

## 四、协同行动式督导

广东"双百计划"专业共同体（三级网络）更偏向将督导称为"协同行动的'督导'"，将督导者称为协同行动者或同行者[①]，由此形成了陪伴式助力社会工作者成长的协同行动式督导。协同行动式督导采取"提问式教育"的理念，推崇"互为师生"的关系状态，通过"行动→提问→对话→反思"的循环往复、螺旋式上升的协同行动策略，达到"协同行动者—社会工作者"双重能力建设。在价值观层面上，双重能力建设的协同行动应该成为资深社会工作者与新手社会工作者之间传递、共享使命和愿景的一种道德实践；在知识层面上，协同行动者不将社会工作者视为被动接受知识的学生，而是"互为师生"，共同生产社区发展的实践知识；而在实践层面，协同行动者必须进入社会工作者的脉络里，与社会工作者一起开展扎根社区的社会工作，并通过行动、提问式的教与学、对话与反思，在行动与反思的循环往复中实现"协同行动者—社会工作者"的双重能力建设[②]。

这样的督导方式要求督导者定期陪伴社会工作者入场

---

① 张和清.从个案救助到社区能力建设——从两个案例看社会工作参与脱贫攻坚［J］.中国社会工作，2017（25）：19–20.

② 张和清，廖其能.乡镇（街道）社工站建设的核心议题［J］.中国社会工作，2021（31）：26.

开展服务，熟悉服务的场景和服务对象的状况，身临其境地体悟站点的情况和社会工作者需要面对、处理的问题。协同行动式督导手把手协同社会工作者开展服务，所以也能够较好地理解社会工作者的日常工作，能共同面对服务的议题，并在场景中进行协同回应。这样的方式能高效协助社会工作者实现个人成长，当然对督导工作也提出了较高的要求。

各种督导形式在操作方式和具体内容上有所差异，要综合运用以融合性实现督导目标。各种督导形式具体的操作要点整理如表 7-2 所示。

表 7-2　四种督导形式的操作要点

| 督导形式 | 督导方式 | 督导内容 |
|---|---|---|
| 集中培训式督导 | 定期定范围进行，每次督导以一定的主题课程展开 | 职场基本技能<br>站点服务的总体规划<br>专业基础服务技能引导 |
| 团体议题式督导 | 督导员围绕共同的议题和多个社会工作者对话 | 站点建设初期和服务供给起步阶段所面对的相同难题 |
| 个案对话式督导 | "一对一"的对话 | 社会工作者的价值观、基础知识、实践技巧、情感支持和归因技巧 |
| 协同行动式督导 | 行动—提问—对话—反思 | 价值观层面<br>知识层面<br>实践层面 |

# 第三节
## 社会工作督导的流程与推进逻辑

督导的最终目的是在提高专业能力与保障专业品质的同时助力基层社区治理。而督导的责任是要了解社会工作者服务的效果和面对的困难，帮助社会工作者树立和巩固专业价值观，提升有效的服务技巧，走出伦理困境[①]。建设本地督导队伍和引进外部专业督导力量相结合的督导模式要求督导者能够激发、激励他人，帮助被督导者解决问题，提升被督导者的专业水平和专业技能，并成为社会工作实践的领导者。为了达到这样的督导功能，需要一套完整的流程体系和推进逻辑来保障督导效果的实现。

### 一、社会工作督导的流程体系

虽然在社会工作督导的教材和研究中，有几个督导阶段模式说，但就严格意义上讲，社会工作督导并没有绝对标准的流程模式可参照。正常操作执行中，社工站的督导可以按照以下 6 个阶段进行。

[①] 吴莲芳.怎样收集社工的督导需求 [J].中国社会工作，2021（24）：45.

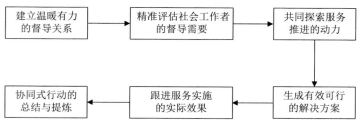

**图 7-1　社工站的督导阶段图**

（一）建立温暖有力的督导关系

没有关系就没有治疗，干预服务只有在信任的关系中才能有效推进并达到预期目的。同理，督导的成效如何与督导者和被督导者双方的关系质量紧密相关。只有在二者建立良好信任关系的基础上，注入知识性、技术性的内容，才可能促成被督导者的成长。因此，督导的第一流程便是要学习与被督导者建立相互信任、温暖有力和有成效导向的督导关系。学习运用以下几个小策略，有助于经营温暖有力的督导关系。

1. 对站点服务的基本情况足够熟悉。在督导前，要提前取得站点和服务项目的相关情况，对将要督导的人与服务有基本的了解。其中主要掌握好站点所在乡镇（街道）村（居）情况、站点服务规划、团队成员基本信息、前期服务执行情况、可能的相关方情况等，对这些信息做到心中有数。

2. 首次督导的形象管理。主要是两个层面的管理。一个层面是督导者个人层面的形象管理，主要包括仪容仪表、个人言行、时间管理、自我介绍等。督导者在仪容仪表方面，要做到衣着得体，保持干净整洁。在个人言行方面，督导者与服务对象及被督导者交流时应用语文明，不讲污言秽语，不摆架子，讲解问题及传授经验知识时言简意赅，使服务对象和被督导者容易理解。同时，督导者应及时询问对方是否能够理解自己的意思以及是否需要进行更深入的讲解，使服务对象和被督导者能够充分感受到被尊重。在时间管理方面，督导者应做好行程规划并提前告知相关方，使相关方能够做好准备。在行程中应按时或提前到达，若因特殊情况而不能准时到达或行程中止，应及时告知对方。如有相关文件或反馈需要交付给被督导者，应约定交付期限并在期限内交付给被督导者；督导者自我介绍时，应当做到内容真实，简明扼要，使人能够快速了解督导者的相关信息。另一个层面是专业方面的形象管理。首次督导的督导者要重视建立自己的专业形象，展现专业素养，让被督导者感受到督导者的专业态度，体会到专业督导的不同。督导者的言行举止无疑会深刻影响被督导者。当督导者以良好的态度及形象管理对待被督导者，那么社会工作者在其影响下，被督导者也会以相同的态度和形象对待服务对象。因此，督导者做好首次督导的个人和专业两个层面的形象管理尤为重要。

3. 对每次督导做好充分准备工作。每次督导前都应该和被督导者有一个非正式的沟通，初步了解他们当下的工作状况，再结合主题进行一定的设计，最好能提前形成一个督导内容大纲，让参与督导的人员能做好前期的准备。

4. 对被督导者的及时关注。在督导陪伴过程中，应该对被督导者的情况保持足够的敏感，能及时回应他们的需要，关注他们的工作动态，疏导被督导者的不良情绪，对他们的工作情况有较好的同理与回应，协同前行。

### （二）精准评估社会工作者的督导需要

督导实际上是服务社会工作者的一项工作。保障督导有效推进的前提就是要精准掌握社会工作者的需要。督导只有立足社会工作者的需要安排督导计划才能有针对性地开展工作。当然在整个督导过程中，督导者要时刻关注社会工作者的动态需要。

社会工作者的需要评估可简要分为正式和非正式的两种：正式的就是针对社会工作者所处的阶段，设计相应的需要评估量表或问卷，从整体上把握社会工作者对督导的期待，再有针对性的个别对话，结合量表或问卷，生成更具有针对性的个人督导策略；非正式的主要是通过督导过程和日常工作中的观察，就社会工作者的表现进行对话，引导社会工作者表达需要。

### （三）共同探索服务推进的动力

督导是一种共同工作的机制，在确定基本关系和掌握社会工作者需要的情况下，督导者要逐步围绕项目服务的开展和推进同社会工作者探讨、协助和支持社会工作者寻找服务推进的方向，这是督导开展实质性服务的第一步，重点在服务中找出社会工作者成长和服务推进的动力。

共同探索服务推进动力可以从三个角度和社会工作者进行督导对话：一是从社会工作者个人职业发展阶段和项目进展阶段相融合的层面，引导社会工作者从职业成长的角度思考项目运营的定位，以调动社会工作者主动地寻找服务推进的可能性；二是从项目服务对象需要入手，结合项目的整体设计，从动态满足服务对象需要的角度寻找服务推进的空间；三是借助项目运营团队的动力，激发工作团队社会工作者之间的相互影响，促进团队成员思考和学习，共同寻找服务推进的方向和可能性。服务推进动力的寻找也是社会工作者自我反思和自我成长的重要节点。

（四）生成有效可行的解决方案

督导的可视化成果之一便是督导者和社会工作者之间达成共识，形成如何解决服务问题的可行性方案。每次督导探讨的最终导向都是"下一步怎么办"，针对"怎么办"，督导者引导社会工作者在对话中生成初步的服务方案，就方案进行可行性分析，并提醒社会工作者关注可能忽略的问题或细节，创造条件让方案在服务中实施。

督导者协助社会工作者进行相关的服务项目或服务方案设计时，应从三个角度考虑：空间关系角度、时间发展角度和意义解释角度①。方案要注重服务对象的关联性、成长性和主体性的有机融合：一是引导社会工作者在协助服务对象解决个人困扰时，注意与服务对象困扰相关的日常生活和人际关系；二是服务对象的改变是一个过程，不是一时之事，在规划服务方案时，一定要将服务对象成长改变的时间考虑进来，根据其成长步伐设计有针对性的服务活动；三是社会工作者在设计专业服务时需要从服务对象的主观

---

① 童敏.空间思维的实践转向：本土社会工作专业化何以可能［J］.社会科学辑刊，2020（4）：93–99.

感受出发，从服务对象是如何理解自己的生活和困境的角度进行服务设计。这个方面建议参阅童敏老师的书籍《社会工作专业服务项目的设计：实践逻辑与理论依据》[①]。

（五）跟进服务实施的实际效果

在与社会工作者一起商讨形成服务方案后，督导者需要动态跟进方案的执行，关注服务对象的实际反应，所有的活动都应该以成效为导向。所以在跟进服务实施中除了关注服务的规范化与专业性之外，督导者要和社会工作者共同审视服务的成效，特别要注意服务的叠加效应，关注服务能否协助服务对象解决面临的问题并促成服务对象实际生活的改变。

动态有序地跟进服务成效要关注服务活动的以下内容：1. 服务活动不能仅仅关注活动形式，更要关注活动的专业性，特别是服务活动要有明确的目标群体和需要解决的问题；2. 服务活动关注的焦点是服务对象的成长改变和社会生态的优化，而不是服务活动本身，活动应该遵循一种"能力—提升"的逻辑演进；3. 引导社会工作者在开展活动时注重服务的叠加效应，按持续性策略安排服务活动，促成服务成效的叠加或转换。

（六）协同式行动的总结与提炼

督导工作的背后是一种人才培育机制，所以督导者应

---

① 童敏. 社会工作专业服务项目的设计：实践逻辑与理论依据 [M]. 北京：社会科学文献出版社，2020.

该在实务陪伴的基础上和社会工作者一同进行项目服务的总结与提炼，与理论对话，生成一种服务模式或服务机制，让项目服务活动导出一种体系框架，呈现自己的特色。实际上，这是一种引领"反身性观察"。反身性是指参与者的思想和他们所参与的事态都不具有完全的独立性，二者之间不但相互作用，而且相互决定，不存在任何对称或对应①。反身性观察要求被督导者不把以往所学的知识及经验当成是绝对的、权威的，而是认识到所学的知识和经验具有片面性，会受到具体环境的影响。因此，被督导者要用批判的视角去看待自己所学的知识以及所接受的经验，并在实践中不断对其进行反思和发展。

协同式行动的总结与提炼逐步让社会工作者学会对零散的服务进行归纳，在相对抽象的层面上与项目开启时的设计理论进行对话，以更好反观项目服务开展的层次、活动与成效之间的关联，从这样的关联中提升社会工作者的整体服务思维能力，以反思后续工作如何才能更为立体化地推进。另外，反身性观察也有助于社会工作者跳出项目本身，在治理或更高的层面进一步梳理自己的项目，从服务与治理两个角度提高项目与地方治理的融合性。最后协同式行动总结还要以项目总结的方式完成社会工作者的个人总结和成长。

## 二、乡镇（街道）社工站督导的推进逻辑

针对乡镇（街道）社工站现阶段社会工作人才队伍的

---

① 唐纳德·A.舍恩.反映的实践者——专业工作者如何在行动中思考[M].夏林清，译.北京：教育科学出版社，2007.

构成情况，完全按照专业督导的机制在当地推进督导工作存在较大难度，站点社会工作者对于专业督导传达的很多知识估计很难接受，也容易产生反弹情绪，导致实际工作与专业成长难以平衡。立足社工站人员的实际专业情况，可以按以下的逻辑进行督导设计。

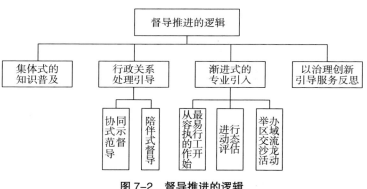

**图 7-2　督导推进的逻辑**

（一）集体式的知识普及

建立一线辅导培训班，设置相对低的入学门槛，分板块开展教学，普及社会工作的基础知识，形成在实践中理解专业理念的学习模式，在学习结束后，督导者可以结合各个站点的实践情况进行有针对性的专业考核，从而提高一线社会工作者的专业服务能力。

（二）行政关系处理引导

乡镇（街道）社工站社会工作者非专业背景出身的较多，专业性不足，与基层乡镇（街道）管理者对话时存在不知如何回应的困扰，行政与专业冲突带来的压力较大，故督导者须帮助社会工作者理顺专业与行政的关系。协同式示范督导可以带领社会工作者与乡镇（街道）领导、民政干部沟通，帮助他们理解乡镇（街道）社工站的现实作用，从更高的角度去梳理协调专业服务和基层民政工作的关系，从优化基层为民服务体系的角度引导基层干部和社工站社会工作者共同对话，避免陷入行政与专业对立的局面。督导者可以采取陪伴式督导的方式，与社会工作者一同入户，陪伴社会工作者成长，帮助社会工作者了解社会工作，学会处理各种关系，把握职业身份边界，防止被行政化。在当前社工站的服务中，相较于社会工作专业的植入，防止社会工作者被行政化显得更为重要。因此，督导者要首先给予社会工作者关注与支持，帮助社会工作者建立自信，引导他们成长。同时，督导者也要协助社工站处理好与乡镇（街道）政府之间的关系，包括向乡镇（街道）领导普及社会工作知识，以及帮助一线社会工作者了解行政系统的办事习惯、学习如何用温和而艺术性的方式拒绝来自行政层面、与社会工作者无关的任务等。

（三）渐进式的专业引入

督导者要逐步协助社工站的社会工作者实现服务的专业化，一点点建立专业自信，针对当前站点社会工作者的专业背景，督导者宜采用渐进式、阶梯式的输入方式协助社会工作者提升专业水平。首先，从社会工作者最容易掌握的专业知识开始，如先从社区活动入手，协助社会工作者规范活动环节，学会逐步将专业元素融入站点举办的社区活动当中，以专业思维制订有乡镇（街道）自身特色的年度社区活动计划，保持社区活动的专业性和整体性。其次，督导者要对社会工作者进行动态评估，对于专业能力较弱的社会工作者，采取引导其考取专业证书和阅读专业书籍的方式提升其专业素养。再次，结合工作的开展和社会工作服务的推进，和社会工作者一起对个案和小组这类专业性要求更高的方法进行梳理和对话，引导社会工作者深入学习专业服务技术，提升他们的专业素养。最后，可以定期举办区域交流的沙龙活动，使社会工作者能直观地感受他人在服务过程中表现出的优点及长处，以朋辈督导的方式，促进成长。

（四）以治理创新引导服务反思

乡镇（街道）社工站的专业服务逻辑是追求服务型治理，用社会工作的方式服务乡镇（街道）的中心工作，让乡镇（街道）社工站成为一种基层治理方式。乡镇（街道）社工站作为便民服务的"最后一公里"，其工作不能仅仅停留在社会工作服务的层面，而是要结合实际探索地方治理特色，助力创新地方治理体系，让社会工作的专业服务真正融入基层治理的体系之中，社会工作专业以积极解决基层民生问题为立足点，形成专业发展与基层治理互动的良性机制，有效助力乡村振兴。

总体而言，专业督导首要解决的问题是专业服务如何更好地"下基层"。因此在实务场域中延伸出社工站发展的三个困境：一线社会工作者服务的非专业化、服务团队的不稳定性、基层社工站点的行政化发展困境。督导不应仅以解决困境为目标，而应该激发社会工作者和服务对象的内在抗逆力，学会反思并总结具体的服务，从而构建社会工作基层治理与服务的良性督导闭环。督导具体包含：一是可以通过"三同"的方式协助社会工作者完成"身心安顿"，帮助社会工作者澄清个人角色并挖掘其内在潜力，加强社会工作者对服务角色的认知，以激发其成长的内生动力，提高专业服务的认可度，更好地帮助社会工作者与实务工作场域相互磨合、相互融入；二是协助社会工作者积极链接身边资源，陪同社会工作者共同面对困难并为其提供支持，同时培育本土化的督导人才队伍，以社工站点

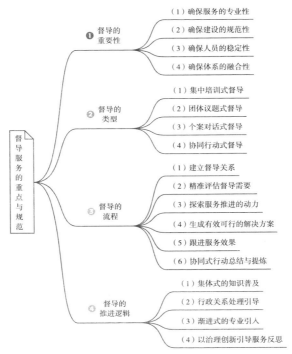

图 7-3 乡镇（街道）社工站督导服务的重点与规范思维导图

的站位去引领社会工作发展；三是鼓励社工站的社会工作者注重个人发展与专业发展的相适应，与基层治理相协调，与基层政府互补，指导社会工作者协调多方关系，促进多方关系之间相互理解，帮助站点争取更多、更宽的服务空间，增加专业服务的领域。

因此，督导在专业服务层面引导社会工作者成长的同时，要注重从治理层面引导社会工作者跳出专业的视角，从更为宏观、更加多层面的角度审视和反思自己的服务，更好地助力基层治理创新，更好地平衡各相关方的利益诉求，以治理创新的思维回应社会工作者在基层服务中需要面对多种利益主体需求的困境，扩大社工站的发展空间，拓宽专业服务途径，向基层合作方呈现专业的治理功能。

# 第八章

## 乡镇（街道）社工站的管理、宣传与研究的重点和规范

　　社工站作为基层治理的重要节点与组成部分，除了服务，还需做好各类行政管理、宣传倡导甚至是研究性的工作，以更好地推进服务、宣传和总结。在深度参与基层治理体系与治理能力现代化的整体布局中，如何充分发挥和体现社会工作的专业效能？用"商业的思维、专业的态度"做好社工站的相关管理，在寻求社会工作专业发展的同时，积极探索与外部支持一起形成共赢甚至多赢的局面，用成长的方式探索独特的基层发展模式是非常重要的。本章我们从管理、宣传和研究三个维度一起梳理社工站如何在专业上做得更好。

## 第一节
## 有效的管理：让乡镇（街道）社工站落地生根

管理就是界定企业（组织）的使命，激励和组织人力资源实现使命。建立使命是企业家（组织负责人）的任务，建立组织的人力资源是领导力的范畴，二者的结合就是管理。管理是在特定的环境下，对所拥有的资源，包括人、事、物、关系等进行组织和管理，以实现目标的过程。管理不仅是一般性的组织、指挥、协调和监管，更是一种有艺术感的相互对话。人、事、物和关系是管理所要面对的四大重心。我们就从人、事、物和关系这四个维度探讨如何实现有效的管理，让乡镇（街道）社工站落地生根。

### 一、人员的有效引导与激励

乡镇（街道）社工站的运营与服务质量如何，和人的作用紧密相关。在站点有效管理中，人的有效引导与激励是最重要的。从站点和专业特质出发，人的管理要与商业机构中人的管理有所区别。从上一章的督导服务的重点与规范中可以看出，我们应该在管理中实现对人的支持。换句话讲，我们除了以绩效为导向进行人的管理，还要注意专业的成长。站点导向是一种以服务为中心的价值共生管理，区别于以管理为中心的绩效关注，努力实现"我们雇用的是整个人，而不是一双手"的目标。以管理为中心和以服务为中心的导向存在一定的差异，详细见表8-1。

表 8-1　以管理为中心和以服务为中心的区别

| 以管理为中心 | 以服务为中心 |
| --- | --- |
| 制度的作用 | 专业为本 |
| 强权规范 | 追求高质量服务 |
| 服务开展始终围绕管理所设定的目标进行 | 以满足服务对象的需要为中心 |
| 相对机械 | 要求一定的灵活性 |
| 服务对象被边缘化和客体化 | 服务对象中心化 |
| 功利导向 | 人文导向 |

具体而言，我们在站点的人员管理中面临4个问题：招什么人，怎么用人，怎么育人，怎么留人。

从招人的角度，当然希望是聘用社会工作科班出身的人员，但是现实可能比较难，特别是站点还会对聘用人员提出需要对本地文化熟悉等要求，要招到两个方面都满足的人员往往比较困难，所以站点在人的管理上更要从后面怎么用人、育人和留人3个方面进行探索和提升，以实现绩效和专业双丰收的目标。

在用人方面，站点主管的边界处理尤为重要。什么事是一线社会工作者要承担的，什么事是需要主管与社会工作者共同面对的，什么事是主管要主动担当的，这些边界要处理好。一方面让社会工作者才尽其用，既不会被打击积极性，也不至于压力过大；另一方面让社会工作者注重个别化专业服务的同时，也以此原则对待自己的同事。站点的管理者也要学会了解和尊重不同员工的特质，根据社会工作者个人的特点进行岗位和服务的调整，帮助员工发挥他们的长处，让团队的每个人都可以尽其所能，以达到在社会工作者实现自我成长的同时，也实现站点服务项目的有效推进。

培育人才是留住人的关键，也是站点管理的核心。可以从内外两个维度进行人才的培育。一是注重社会工作者自身内在素养的成长。对职业的认同是社会工作者能较好成长的前提。管理者要尽可能为社会工作者提供高质量的职业愿景规划，让社会工作者的职业路径更为清晰，让他们觉得在这个领域奋斗有一种希望，并在成长中逐步理解社会工作职业和社工站的愿景和使命。二是应该为站点的社会工作者打造一个良好的职业继续教育计划和氛围。除了内部督导的支持，还可以有机构自我设计的模块化培训内容，让团队的社会工作者慢慢专业化，同时要积极鼓励社会工作者参加职业证书考试，以考带训。以考带训对改变站点当前人员的构成具有重要意义。另外，可以为社会工作者创造（提供）一定外出学习和交流的机会。通常其他行业都会有一些相关主题的职业培训，鼓励社会工作者积极参加此类活动，也鼓励社会工作者尽可能外出到其他站点和其他地区进行交流，拓展行业视野，有条件的也可以制订社会工作者学历支持计划，鼓励社会工作者进行学历提升，全方位提升社工站点人力的资源专业水平和文化水平。

留人与育人是一体两面的。合理的薪酬是留住人才的首要因素。以甘肃省的政策标准为例，按照每人每月 3600 元最低工资基数核定社保，每位社会工作者每月需要缴纳的社保金为 1497 元（单位承担 1105 元，个人承担 392 元）、公积金 240 元（单位承担 140 元，个人承担 100 元），每月每位社会工作者的人力成本需要 4937 元，每年每位社会工作者人力成本为 59244 元。有些地区在社工站建设的经费配置上，牵涉各级各部门分担配套或者人力成本核算问题，出现社会工作者薪酬无法按最低工资标准给付或者拖欠的问题，但无论如何，保障社会工作者的基本薪酬待遇是社工站建设的基础和保障。在劳动报酬得到基本保障的情况下，再用专业愿景和理念来实现站点人才的"志同道合"时，借助一些非货币化激励（见表 8-2）的方法进行人员的管理，保持社工站人才队伍的稳定和发展。只有社会工作者看到行业与职业的希望，才能真正推动社工站的可持续和高质量发展。

表 8-2 非货币化激励的维度

| 激励模块 | 测量指标 |
|---|---|
| 个人成长激励 | 工作中我的个人专长得以运用 |
| | 工作中我经常获得培训和学习机会 |
| | 我的工作富有挑战性和趣味性 |
| | 我经常有机会参与和影响组织决策 |
| | 我的工作富有创造性、内容丰富 |
| | 工作使我的社会关系和工作经验得以丰富和拓展 |
| | 我对工作富有责任感和使命感 |
| 工作氛围激励 | 所在组织具有和谐、融洽的人际关系 |
| | 所在组织具有一群优秀、良好品行的员工 |
| | 我能与领导建立较好的交流与沟通渠道 |
| | 我能与同事们相互信任并共享信息 |
| | 我在组织中能受到公平、公正的对待 |

| 激励模块 | 测量指标 |
|---|---|
| 价值认可激励 | 所在组织具有良好的社会声誉 |
| | 所在组织在未来具有良好的发展前景 |
| | 我能推动组织宗旨的实现并感到被组织需要 |
| | 我的个人努力能及时得到领导的反馈和认可 |
| | 我在工作中具有较好的自主性 |
| | 我的工作能被社会看见和肯定 |
| 生活促进激励 | 我的工作时间富有弹性 |
| | 我的工作是家庭友好型的，有利于促进工作生活平衡 |

真正有效的人员管理，其导向是一支有战斗力的团队。理想团队有以下几个特质：合适的组成人员、自我激励、有相应的承诺、分工不分家、相互信任和尊重、优势互补。

## 二、有效行事的安排与协调

社工站事务的维度是以服务为主线进行处理和安排的。无论是整年的服务规划还是个案、小组或社区活动的举办，都应该尽可能地以项目管理的方式进行安排与协调，以提升服务行事的效率。有效行事是效率管理的必然要求，也有助于专业效率的高质量实现，这是站点服务专业化与职业化的内在要求。项目管理的主要目标在于：改进服务，帮助站点服务运行得更好；承担责任，管理者通常扮演监督者的角色；链接资源，向利益相关方交代并争取更多资源。

项目管理是指通过一些技术/方法对项目过程的管理，包括计划、控制、评估等工作，确保按时、按预算、依规范实现理想目标。项目管理一般分为启动、策划、实施、监控和总结5个阶段。下面就这5个阶段需要注意的点进行说明。

1. 精准把握需求。无论是站点的整体服务规划还是个案、小组、社区活动的策划，都要紧扣"需求为本"的理念。落实"需求为本"的社会工作服务框架设计理念在具体操作中应该重点关注以下4个方面问题：（1）项目服务群体定位是否清晰、需求分析是否精准到位、服务目标确立是否明确；（2）项目服务框架和内在服务逻辑是否合理（项目所使用服务方法与满足服务对象需求之间的内在合理性，社会工作专业三大专业方法的有机结合度）；（3）项目服务是否具有整体性（是否能将目标群体的需求和社区的需求有机结合起来进行服务；对服务所在地资源的挖掘与链接情况的关注度如何）；（4）项目服务是否具有可持续性（服务中的各种活动成效是否具有叠加效应、活动与活动之间能否相互优化而不分裂，项目运作是否可以与社区内其他项目特别是社区营造项目有机结合，项目设计是否关注目标群体的长远发展）。总而言之，立足需求设计服务框架就是要强化问题与需求意识，通过有效地预估行动等方式来梳理辖区目标人群的问题和需求，保证服务计划有更好的基础与依据。在整体性服务愿景引导下拓宽服务方式和服务渠道，有针对性地提供专业性、个别化的服务，实现精准服务，凸显社会工作的专业性。

2. 设计好的目标。项目管理的思维容易让很多社会工作者在服务设计时陷入指标导向，导致项目运作的专业意识和成效意识不足，一定程度影响了服务的整体性和关联性。"好"的目标有几个特质可参照（见图8-1）。

图 8-1　好目标的特质

3. 成效导向的项目思维。成效导向的服务项目思维是围绕项目立体化评估进行的，社会工作者要从评估角度反观服务设计的导向。以终为始，从希望通过服务最终需要实现哪些成效，倒推服务活动设计的环节和资源投放策略。在服务设计中，要尽可能关注效率、适度、效能和能力等观点，实现服务中多维、多主体的共同成长。如图 8-2 所示，效率观点考量的是服务数量的问题；适当观点考量的是服务质量的问题；效能观点关注的是服务的影响；能力观点关注的是服务是否有助于团队的成长。

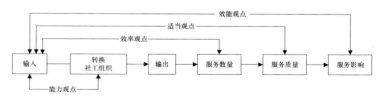

图 8-2　社会工作评估关注的观点

4. 把握好专业要素。在社区运营中，必须思考如何在社区服务项目的管理与服务工作中加入社会工作要素，用社会工作专业理念丰富社区治理工作理念，彰显社会工作专业服务的内在逻辑性，凸显社会工作的专业性。社会工作的专业技术导向服务供给可以从以下 3 个方面着手。

　　首先是服务框架下的整体专业呈现。在整体性的服务框架下有机地使用社会工作三大专业方法，不要让人感觉到是为了完成合同指标而毫无章法地开展个案、小组和社区服务。立足服务对象的需要强化三大专业方法的内在联系，这可以从两个角度展开：（1）以一个服务的焦点为主轴，综合性地运用三大专业方法，从服务对象认知行为、小组支持、社区环境的全面改善提供多层次、立体化的服务。比如可以从小组中寻找需要进行个案服务的对象，也可以将多个具有类似需要的对象组成一个小组进行服务，当服务对象问题得到一定程度解决后可以有意识地引导其参与社区公共事务，提高其能力，让服务呈现整体性；（2）将项目放在核心目标的层面上进行考虑，从实现目标的细化上入手，引入个案、小组和社区社会工作三大专业方法，提供量身定制的服务，并灵活运用于服务的全过程。个案和小组社会工作服务侧重于服务对象问题的解决，社区社会工作服务的开展侧重于服务对象能力的发展，通过帮助服务对象能动地使用三大专业方法来实现社会工作服务的预防、治疗与发展 3 个目标。从个案服务开始，发展成团体服务，在团体服务中既照顾个别需求，又从个别需求中找到共同需求，在社区里不断地联结与扩展，从而将整个社区网络视为一个团体，主动组织社区中的成员，建立彼此间的关系，规划与设计活动方案，这即是在社区里进行团体工作。

　　其次是三大专业方法内在专业特质的保持与呈现。辅导性个案服务中要以一定的专业理论和手法指引个案的接案、需要预估、介入、结案等专业流程的推动，不能让人觉得只是简单的个人谈心与提供建议之类的工作；小组服务的开展要有别于游戏活动，在需要的预估、组员的筛选、方案的设计、每小节主题服务的提供、工作内容与生活的联系、小组服务的结束等环节中都需要有专业的引领与规范的操作；社区服务活动的开设同样要思考如何有别于传统社区居委会的节日活动，应有社会工作的专业手法贯穿需要评估、活动方案设计、活动工作开展和效果评估等整个流程，要在社区服务活动中植入一定的专业要素和专业目标，特别是一年的系列社区服务活动要以服务对象需要的回应为核心进行整体的专业设计。通过保持三大基本专业方法的专业性来提升社区服务的质量与水平，促进社会工作与社区建设的融合发展。

最后是社会工作专业特质的日常化呈现。社区中很多社会工作服务是在日常的生活场景中开展，专业特质的呈现便会细化至日常生活中的互动、交流与管理的小细节。社会工作是一门强理念、重伦理的专业服务。在社会工作参与社区治理的过程中，其专业特质的日常化呈现主要体现在两个方面。一个方面是社会工作者在与居民、合作者相处中所体现出的待人接物的态度、交流的语气、处理问题的方式等微小细节的专业素养；另一个方面是社会工作者在服务中能否将专业方法引入项目管理中，进而影响社区治理机制的建设。比如可以在社会组织孵化、志愿者培训等方面率先引入小组工作方法，探索社会工作专业方法在项目管理、资源整合等层面的运用。围绕专业精神对社区治理与服务的各环节、各领域建立健全规范制度，做到有章可循、有据可依，减少随意性，提高计划性和规范度。

### 三、资源的管理和调动

站点能否顺利运营的一个关键因素便是团队能否在预算范围内完成服务，实际上就是如何对站点可能的资源进行充分地运用和调动。通过基本的归类，站点中可能涉及相关的资源种类有几种，见图8-3。进行预算和资源管理可以遵循以下基本原则。

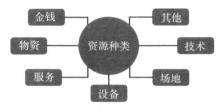

图8-3　站点涉及的资源种类

1. 管理安排的迭代定制：经费预算制订和其他资源的管理如同项目管理一样是一个迭代的过程，相关的管理要经过不断的对话和几轮的循环后才能制订相对合理的安排方案。

2. 完整的物资使用周期：要从项目全程的运营来考虑这些资源的使用。

3. 分时段管理：为了更好地运用经费和资源，不仅要有一个总的资源运营计划，还要对相关的成本或资源的使用有一个基本的把握，建立一个管理准则。

4. 管理的全面性：在资源管理上，不能只考虑重点或明显要用到的资源，还要将一些细节，将站点服务中可能要用到的相关资源都纳入预算管理。

5. 风险和不确定因素：经费和预算要有一部分用于处

理已知的风险、预估的不确定因素和整个服务计划中突发的不确定因素。

### 四、关系的处理

各相关主体关系的处理是站点管理中需要应对的关键点。生态经营好了才能有效地开展工作。社工站作为基层的一个服务力量，类似于社会组织，需要面对众多利益主体的诉求，站点要学会平衡各方的利益与关系，经营良好的生态。社工站要对话的主体与社会组织要面对的主体有点类似，也是相当多元的。这就要求社工站在沟通和关系处理上要有更为艺术的回应方式。关系处理在于沟通，有6个关系沟通原则可以参照①。

1. 做好沟通计划。沟通计划能确保站点服务项目的所有相关方，在需要的时候能获取所需要的信息，能有效地为站点的服务提供应有的支持。

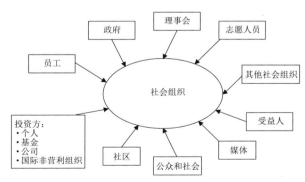

图8-4 社会组织的利益相关者

---

① 荷瑞因.写给大家看的项目管理书［M］.王明发，译.北京：人民邮电出版社，2015.

2. 掌握沟通方法。有三个基本沟通方法能起作用，但很多人做不到。首先是优先处理，站点沟通不要走捷径，要尊重站点所有相关方；其次是展现风度，能多站在对方角度看问题，有礼貌、坦白表达欣赏和感激；最后信守承诺，答应相关主体的事情一定要做到。

3. 牢记5C原则。在和相关主体沟通时，牢记5C原则。5C原则包括：

● 清楚（Clear）：说明主题，围绕主题，帮助对方理解信息，恰当地使用术语；

● 简洁（Concise）：抓住重点，忌不着边际；

● 礼貌（Courteous）：有礼貌，注意语调、语气；

● 一贯（Consistent）：使用恰当的言语和媒介传递想要传递的信息，所有信息应该支撑你所要表达的含义；

● 令人信服（Compelling）：让相关方没有理由不去注意。

4. 保证理解。这是有效沟通应具备的理念。投入精力、耐心和决心，确保对方能理解你的意思；调整沟通内容以最大限度地满足不同的目标听众；尽可能站在对方的角度理解问题。

5. 注意建立各方关系。要愿意花时间同关键的人物建立"一对一"的关系，尤其是站点刚刚启动时，与关键人物建立信任、友善的人际关系，有助于为站点建立开放、诚信的环境。

6. 学会多维度分析和对话。明确相关方，从相关方对我们有什么期待、如果相关方失望了会发生什么、需要做什么来实现相关方的期待三个角度（见表8-3）进行相关的假设对话，再有针对性地采用有效策略进行回应。

表 8-3　利益相关者分析

| A 谁是我们的利益相关者 | B 他们对我们有什么期待 | C 如果他们失望了会发生什么 | D 需要做什么来实现这些期望 |
|---|---|---|---|
| 1. 政府 | | | |
| 2. 资助方 | | | |
| 3. 受益人 | | | |
| 4. 员工 | | | |

关系的处理除了要把握好沟通原则，注重效果，还要注意以生态的视角把握"关系"的力量与服务作用，促成多中心服务体系的建设：社会工作者不是以专家的身份进入社区开展服务，而是以一个合作者的心态进入并服务社区，与社区保持一种平等互动的关系。社会工作者与社区的合作关系只是社区治理与服务众多力量中的一种，它不是替代或转移社区服务，而是协助与催化社区原有的治理与服务。具体服务中，社会工作者要带着自己的故事，进入社区居民的生活，深入评估与了解所服务社区居民的生活场景，在自然生活场景中与居民一同面对生活、回应生活。

关系的处理还包括对服务社区内外资源与环境的把握。关注服务社区的内外资源，引导社区以自己接受的、周围内外环境认可的方式互动、对话，慢慢地调节社区与社区内外环境的关系，将社区内外环境纳入助力治理的范围，引导内外环境共同参与社区治理与服务，通过关系的改变帮助所服务社区建立社区治理所需要资源整合和对接，通

过社会工作整合资源的优势与服务社区更好地合作。生态
思维的服务路径关键在于整合多元资源，将社会工作服务
体系有机地嵌入社区制度化的治理网络之中，与原有街区
传统的服务体系良性对接，协助服务对象提升自己的能力
去解决问题、修正人们与资源系统之间的互动方式、创建
人们与资源系统之间的新联系、改善资源系统内人们之间
的互动、协助改变和完善社会政策。

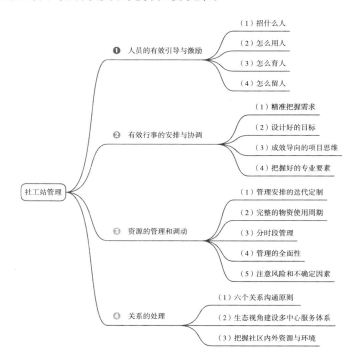

图 8-5 乡镇（街道）社工站的管理思维导图

## 第二节
## 有力的宣传：让社会工作成为乡村振兴的得力助手

如果社会工作的宗旨是促进社会福利和社会公平，那么它就不能仅靠针对个人和家庭的干预来实现其宗旨，而是要同时与社会福利政策的分析和倡导相结合，来促进社会福利和社会公平。社会工作的宣传倡导因此成为社工站服务不可或缺的一部分。通过宣传让更多的人了解和理解社会工作，助力服务的开展，也通过宣传让社会各界更为清晰地看到社工站服务对象的需要和服务开展的情况，促进社会的理解支持和资源的有效整合。宣传可以从 4 个方面着手。

### 一、对症下药，找准宣传方向

社工站在进行宣传前应该明确站点内服务人群的特点，从各站点实际情况出发，根据站点的运营阶段和服务人群特点合理选择宣传平台和宣传方式。

社工站开设初期，应该注意宣传的广度，目的是吸引辖区居民的关注，让居民清晰了解社工站的设立、社工站的功能和可能提供的相关服务，重点向居民推广社会工作，让大家对社会工作专业有一个直观的感知；宣传的形式要考虑当地的文化，针对地区实际情况，结合调研结果，深入百姓，采用大家喜闻乐见的方式展开。站点推进一阶段时间后，宣传的重心应该逐步聚焦于一定的服务，重点推介站点服务的层次，让辖区的居民对站点有更为深入的理解；宣传的方式可以借助活动的预告和活动的开展，从中植入一定的社会工作专业推介知识，让居民慢慢了解社会工作。站点工作稳定后，宣传则可以转为常规性推介，除了站点自己的平台，尽可能和一些地方的主流媒体对接，借助地方媒体的宣传，提高站点和社会工作宣传的广度与深度。与主流媒体对接还有一个好处，可以向媒体学习专业的宣传手法，优化站点的宣传策略。

　　另外，传统媒体宣传和新媒体平台宣传范围所辐射的人群是有区别的。站点在宣传时，要根据宣传内容和目标人群选择宣传方式。比如在开展社区居家养老和助困服务的时候，多选择传统媒体，因为老年人和困难群体更相信传统媒体；针对儿童、青少年或者家庭服务，可以选择新媒体进行宣传。因此站点要注意区别服务群体对信息宣传平台的选择，精准对接，才能达到更好的宣传效果。

## 二、立足实际，做好站点布置与线下活动宣传

　　社工站站点的设立、站点布置与线下活动的开展是让当地百姓直观了解社工站站点功能与内容的最好方式，所以，如何立足实际，做好站点布置与线下活动宣传对于社工站的整体推介有着重要的作用。建议社工站要对一年、半年、一个季度的宣传有整体的规划。这个规划要与站点的活动相契合。在对活动进行宣传规划时，也要对站点的布置有一定规划，在以专业为基础的前提下既要呈现总体的统一性，又要突出地方的实际情况，彰显一定的地方色彩。

一方面，社工站的场地设施、功能布局、服务标识、服务内容、项目设置、管理制度、服务成效等需要进行统一规范，以相对一致的规范布置各个站点，这有助于树立社工站的专业社会形象，让大众更直观地理解社工站的服务范围和服务规范；另一方面，在各类的线下活动中，社工站尽可能以大众容易接受的形式进行社会工作宣传，以大众的话语讲社会工作的服务故事，以具体服务展示社会工作专业的内涵，让大众以一种直观和切身体验的方式接受和理解社会工作。此外，社工站还可以借助一些服务的周边产品，以一种更为生动的方式让大众在日常生活中及时地看到社会工作的服务。

### 三、灵活运用，抓好线上新媒体的宣传

新媒体运营是通过现代化数字互联网手段，利用抖音、快手、微信、微博、贴吧等新兴媒体平台进行产品宣传、推广、营销的系列运营手段。通过策划与品牌相关的优质、高传播性的内容和线上活动，向客户广泛或者精准推送信息，提高客户参与度，提高品牌知名度，从而充分利用粉丝经济，达到营销目的。新媒体能在短时间内迅速吸收大量读者，跟它的草根特性分不开，它使"人人都是新闻传播者"成为现实。新媒体激发了一直"保持沉默"的草根群体，唤醒了他们亲身参与社会进程的诉求和权力欲望。所以现在新媒体运营已经不再只限于商业领域，其他领域也可以学习相关策略，积极运用新媒体，提高推介的效率。

社工站也不例外，要学会运用新媒体讲述社会工作服务故事。让大家直观看到社会工作者的服务，真切地理解

社会工作是一种什么样的存在。所以，作为社工站的管理者，要结合各种媒体的形态要求，生成与各家媒体相符合的宣传素材，更为全面地推广站点工作。公众号是很多社工站宣传自己的有效方式，但公众号推送文章的书写和视频拍摄制作既要注意新闻推广性，也要注重专业思维的融入与呈现，最好能以系列推送的方式进行宣传，以便形成较好的社会效应。

### 四、围绕专业，提炼服务经验

结合现实工作情境，应利益相关方、项目合同、工作规范等要求，社工站及其社会工作者需要花费大量时间及精力撰写周、月、季、年报或其他形式的服务总结。然而，目前此类文书的撰写更多地被社会工作者以"完成任务"的形式呈现，加上社工站社会工作专业出身的人才有限，很多站点人员是通过"考证"进入的，其社会工作专业理论知识不足以支撑社会工作服务的专业要求，站内人员文书撰写能力不足，服务内容质量也不高，难以有效完整地呈现个案、小组或社区工作的服务过程，更不能体现社会工作服务的专业设计。对此，社工站首先要扎实推进社工站总结性文书的书写，促进社会工作者在完成常规工作的同时，能对服务经验进行提炼与宣传；其次，站点要对工作人员持续开展专业训练和培训，全面提高社会工作者的专业能力，建立有效的督导机制，定期邀请实务工作经验丰富的高校老师来督导，开设项目策划、项目执行、项目评估等课程，合理规范和管理站点人员的行为和能力；最后，在此基础上，主要借助一些专业的杂志，如《中国社

会工作》等平台，进行专业的对话。这个层面的宣传具备
一定的学理对话性质，宣传文稿就应该尽可能按照一定的
研究思维进行拓展，以专业杂志的体例进行提炼表达。尽
可能将站点服务和管理中的专业经验提炼出来，发挥社会
工作的倡导作用。

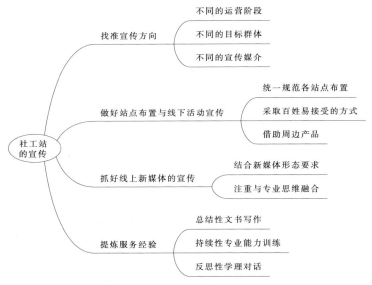

**图 8-6　乡镇（街道）社工站的宣传思维导图**

# 第三节
## 有温度的研究：积极推动社会工作本土化建设

社会工作本土化是一个从"引进"到"认证"的过程，即社会工作理论和概念需在实践中回应特定的社会问题、社会需要、文化和价值。乡镇（街道）社工站作为社会工作在中国实践的一种形态，具有较强的本地化味道，其实践也必将为中国社会工作的本土化探索提供大量研究素材。乡镇（街道）社工站作为具有中国特色的社会工作实践，在本土化建设的过程中会遇到一定的困难，或需要获取相应的经验，因此，在进行深入服务实践的同时，社工站也应该力所能及地进行一定的行动研究，不断地总结反思，梳理提炼并形成社工站的服务机制。

行动研究与社会工作专业一样，非常强调民众的参与，希望民众与研究者成为研究伙伴，一同获取和创造知识。行动研究作为一种理论及实现专业发展的方法，能够促进合作和参与，能够促成一个有自我批判精神社群的形成，使专业获得最佳的发展。行动研究是一个由计划、行动、观察和反思所构成的螺旋式循环过程，一项实施良好的行动研究可以获得以下成果：促进专业理论发展；使专业实践更加卓越；改善工作者的工作环境，缔造更好的社会秩序。总而言之，行动研究运用持续不断地循环探究，为特定情境或本土化情境中面临的问题找到有效的解决方案，为提高服务与工作的效率提供手段，为社会工作本土理论的生成提供有效的实践支持。相对应地，乡镇（街道）社工站应该立足实践，逐步进行相关的提炼、总结和研究。行动研究可以从以下几个方面进行相关的工作。

## 一、具体服务的总结

这部分的研究实际上是具体工作的总结，主要关注的是各个层面专业方法运用的关键点。在实际研究中，具体关注乡镇（街道）社工站如何有效地开展需求评估、个案工作、小组工作、社区工作和社会倡导等服务。在书本中这些服务方法都有科学化和标准化的讲解，而作为本土形态的实践，这些方法在具体社工站的实施中有没有更加符合社会实际的操作范式，便是具体服务总结的要义。

处在不同的服务情境，社会工作者如何运用相应的方法进行服务？社会工作者如何把握特定情境下相关服务策略的实施，并对策略进行相关的检验？行动研究关注一些具有无秩序性、不稳定性及不确定性的情境，在这样的情境中，无法援用科技理性模式发展出理论和技术。行动研究重点就是要从情境性服务中提炼出一些服务规则，有效地与他人交流，让他人能理解这些方法是如何被操作的。在社工站服务时我们可以从以下几个角度进行相关的总结与提炼。

1. 准确定义需要。我们在服务时的起点是什么，这个起点是从哪里来的，社会工作者用什么方法去探求服务对象的需要？在需要评估中哪些元素应该被注意到，才能更为真实和有效地把握到服务对象的需要？

2. 采用合理的方法。针对服务对象的需要，社工站采用什么样的方法介入，社会工作者应该三思而行；对介入的过程也要有所反思与观察：服务在改变哪些人？这些"合理"的方法是服务对象需要的吗？选择什么样的行动和方法？为什么做这样的选择而不是另外的？其逻辑何在？

3. 保证操作的专业性。乡镇（街道）社工站在完成乡镇（街道）民政办交办的行政基本任务外，还应充分发挥社会工作专业优势，开展具有专业社会工作性质的服务，从而与原先的兜底服务形成互补，构建起更加全面、优质和完善的服务体系。社会工作者应该经常就方法操作的专业性问自己一些问题：在乡镇（街道）社工站的操作中专业方法的哪些要素是应该被关注的？如何与当地的现实情况有效融合才能达到相对理想的效果？目标和过程的复杂性如何处理？如何推动服务的有效改进？

行动研究的反思实践路径分为"在行动中反思"和"对行动反思"。行动反思需要在行动过程中，不同类型的行动主体（包括社会工作研究者、一线社会工作者）对自己的具体处境及变化撰写反思日志，成为自我对话、与他人对话的文本和基础。而在社工站层面的总结与反思并不一定要如大学的研究一般，一定要建立普遍的原理或原则以便进一步归纳总结出理论知识，社工站的研究重点在于复盘服务的路径与手法，促成具有一定参照性经验的提炼，为大多数社工站提供一定的服务参考。

## 二、服务机制的生成

社会工作者是在一个又一个独特的社会处境中，在试错的行动中，在半信半疑的探测性行动中，在求变的行动实验中，与他人共谋出路的。从研究角度出发，行动研究不仅关注具体技术如何使用，更关注如何寻找改变的可能性和促进改变的脉络机制。重点回应为什么是这样的服务机制、这样的服务机制是如何运转的、社会工作服务的改变空间是如何被创造出来的等这样的问题。服务机制意指人们必须在具体情境中设计行动。任何人身处的情境都是一个包含多重相互依存及冲突力量的复杂场域，关于实践的理论应能协助实务工作者掌握特定情境中力量运作的模式。社工站行动研究意在弄清人们在行动中的意义和行动的逻辑。乡镇（街道）社工站的建设和发展离不开多方的协同联动，目前大家都认为多元主体的合作、协同与联动是必要的，但是如何进行联动这个过程是需要多方共同参与和承担的。而行动研究使实践过程中的不同相关方有机会参与、发声和反思，能让每一个角色确立自己的位置，最终能创建一个合作的平台，是一个资源创造的成果。行动研究有四个基本要素：问题、行动、验证与反思。行动研究倡导者凯米斯在勒温的"螺旋循环"基础上提出了"计划→行动→观察→反思→再计划……"的研究程序，这个程序被称为"凯米斯程序"或"迪金（Deakin）程序"。服务机制生成的行动研究应该注意以下几点：

1. 问题的提出。行动研究的运用始于目前社工站实践中所存在的实际问题。通过对乡镇（街道）社工站进行需求评估找到目前站点存在的一些问题，不仅是服务对象的需求，也是社工站的需求。通过评估思考产生问题的原因，明确目前所存在的问题，例如，目前乡镇（街道）社工站探索中，因路径的不同而出现的社会工作行政化与专业化之间的矛盾如何平衡？社工站如何作为独立主体在多元主体联动中厘清自己的角色和功能？乡镇（街道）社工站人才队伍建设如何在不断发展中实现从量变到质变的转变？社工站怎样形成服务型治理模式？

2. 计划的拟订。在明确社工站实践中存在的问题后对成因作出简单的分析，然后拟订可行的计划方案。在拟订计划时，要充分考虑社工站自身的特点，结合前期对社工站服务领域的摸排，了解社工站所拥有的资源，设定相应的服务目标来解决问题，梳理本社工站可以尝试提供哪些服务，站内社会工作者拥有哪些资源能够解决社工站后续的问题。只有充分摸清社工站所拥有的资源，不断对服务区域进行走访调查，才能够为后续的研究提供目标和实践路径，有效解决社工站发展中存在的问题，使社工站的存在更加有意义。呈现社工站的发展需要、设定发展目标、谱写服务框架和计划都是我们在计划的拟订阶段去考虑的。

3. 行动的开展。在本阶段，社工站根据制订的方案行动，在实践中开展研究，研究与实践同时进行。前期资料收集是否得当影响着本阶段的执行情况，但是也要注意，即便是我们准备充分，也仍然会出现我们意料之外的情况。当出现意外情况时，我们切不可慌张，要冷静思考，结合获取的信息，作出当下情境下的最佳抉择。

4. 实践的观察。在实践的过程中，我们不仅要保证行动的正常开展，还要在研究中观察。我们可以使用录像、录音、访谈等方式，做好对实践过程的记录。这是一个动态的过程，便于我们从多方面去收集一些前期能够觉察到的资料，也能够在活动结束后补充相应的记录，反思现有服务是否存在不足。

5.实践的反思。社工站、社会工作者能否在实践中有进一步的提高，思考是最为重要的一步。只有在每次行动过后进行深刻的反思，才能够从表面现象中提炼出内部的深层逻辑，总结项目运行过程中的经验，为新一轮的行动做好计划。需要注意的是，任何的经验都是此社工站基于一定背景条件下总结出来的，在学习借鉴的同时，也应该去思考这些经验是否能够适用于自己所在社工站的服务对象。之所以要选择本土化，其根本原因也是希望能够因地制宜发挥社会工作的最大优势。乡镇（街道）社工站是我国社会工作发展本土化的一种尝试，因而需要我们在总结社工站项目运营的基础上不断提出问题、制订计划、开展活动，在活动中观察，从而推动我国社会工作事业的发展。

### 三、治理机制的提炼

首先，乡镇（街道）社工站的专业服务逻辑是追求服务型治理，用社会工作的方式服务乡镇（街道）的中心工作，让乡镇（街道）社工站成为一种基层治理的方式，所以在服务过程中应该逐渐传递社会工作专业的三大专业方法，而不是一次性地强势输出。其次，作为督导也不能放弃一线服务的实务感，对于乡镇（街道）社工站的督导工作不能仅仅停留在社会工作服务的层面，而是要根据地方特色提炼各个站点的独特治理方式。再次，就是各个站点间都有较强的政治导向，要考虑乡镇（街道）社工站产生的社会效益是否能够助力地方治理的发展，所以通过乡镇（街道）社工站的工作看清社工站建设背后的逻辑是追求"服务型治理"，是让基层服务转化为基层治理的有效方式，是创新地方治理方式。

　　社会工作是通过服务参与社会治理的。在服务型治理过程中，要使社会工作与社会治理之间的工作形式达到协调，需要找到治理与服务的联结，从而有效化解社区内部矛盾，有效传承和发扬"发动和依靠群众，坚持矛盾不上交，就地解决，实现捕人少、治安好的'枫桥经验'"。同时在社区中要以"需求为本"为服务导向，深入了解和评估居民的需求和面临的困境，设立相应的服务目标，以专业伦理约束，用专业工作方法开展专业活动，来激发社区居民的主体意识，以实现服务型治理，从而完善共建共治共享的社会治理格局。因此社工站的研究也要注重从更宏观的角度提炼治理机制，并阐明该治理机制是如何形成的，尽可能把以下主题（见图 8-7）厘清。

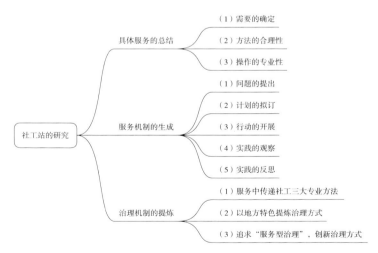

图 8-7　乡镇（街道）社工站的研究思维导图

# 附 录

附录中个案、小组、督导套表均由福建省厦门市湖里区合携社工服务中心提供。

# 附录1：个案套表

## 接受个案服务同意书（A）

个案档案号：_____

1. 本人为申请服务者_____，即下方签署人，完全明白 AAA 机构收集本人个人资料的目的，是基于向 AAA 机构申请援助或服务。本人同意将这些资料及其他有关资料（存于其后的个案记录或报告等）供 AAA 机构内部使用及归档，如有特殊情况仅供相关部门查阅。

2. 本人同意 AAA 机构就上述申请调查本人的其他状况，包括（但并不限于）向其他政府部门／机构或人士核对本人存于这些政府部门／机构里的个人资料。本人同意这些政府部门／机构或人士向 AAA 机构提供有关资料／记录。

3. 本人同意 AAA 机构查看有关本个案服务相关的家人／子女／亲属的个人资料，以及本人与上述申请有关的其他状况。现对此服务同意书进行授权。

申请人签名：_____      负责社会工作者签名：_____

签署日期：_____      签署日期：_____

4. 已获得申请服务者本人口头同意接受个案服务，但未签署书面协议，负责社会工作者请在下面一栏签名。

负责社会工作者签名：_____

签署日期：_____

*A 申请服务者本人签署版。

# 接受个案服务同意书（B）

个案档案号：_____

1. 本人为申请服务者填写服务对象姓名的家长／监护人填写家长／监护人的姓名，即下方签署人，完全明白并同意 AAA 机构收集申请服务者个人资料的目的，是基于向 AAA 机构申请援助或服务。本人同意将这些资料及有关资料（存于其后的个案记录或报告等）供 AAA 机构内部使用及归档，如有特殊情况仅供相关部门查阅。

2. 本人同意 AAA 机构就上述申请调查申请服务者的其他状况，包括（但并不限于）向其他政府部门／有关机构或人士核对申请服务者存于这些政府部门／有关机构或人士的个人资料。本人同意这些政府部门／有关机构或人士向 AAA 机构提供有关资料／记录。

3. 本人同意 AAA 机构查看有关本个案服务相关的家人／子女／亲属的个人资料，以及申请服务者与上述申请有关的其他状况。现对此服务同意书进行授权。

家长／监护人签名：_____　负责社会工作者签名：_____

签署日期：_____　　　签署日期：_____

4. 已获得申请服务者家长／监护人口头同意接受个案服务，但无签署书面协议，负责社会工作者请在下面一栏签名。

负责社会工作者签名：_____

签署日期：_____

*B　申请服务者家长／监护人代签署版。

# 个案基本信息表

个案档案号：_____

接案日期：_____

1. 服务对象资料

| 姓名 | | 性别 | |
|---|---|---|---|
| 年龄 / 出生年月 | | 婚姻状况 | |
| 职业 / 就读学校年级 | | 联系方式 | |
| 证件号码 | | | |
| 户籍地址 | | | |
| 联系地址 | | | |
| 备注 | | | |

2. 家庭成员资料

| 姓名 | 关系 | 性别 | 出生年月 | 与服务对象的家庭关系 | 备注 |
|---|---|---|---|---|---|
| | | | | | |
| | | | | | |
| | | | | | |
| | | | | | |

3. 个案资料

| 主要问题 | | | | |
|---|---|---|---|---|
| 个案来源 | | 转介人 | 与服务对象关系 | |
| 电话号码 | | 地址 | | |

4. 备注：_____

社会工作者姓名：_____ 签署日期：_____

\* 本表所收集的资料仅用于本机构提供有关服务，资料作保密处理。

# 接案信息表

接案社会工作者：＿＿＿＿＿＿　　个案档案号：＿＿＿＿＿＿＿＿

| |
|---|
| 服务缘由／求助缘由： |
| 服务对象处理及其支持系统： |
| 服务对象生理现状描述（现有疾病、既往病史等）： |
| 服务对象心理及情绪状况描述： |
| 社会工作者对服务对象问题的初步分析及评估： |

督导助理审批：□ 接案　□ 不接案（原因概述）＿＿＿＿＿＿＿＿＿＿

□ 负责社会工作者：**此栏由督导者／督导助理签名确认**

督导者／督导助理签名：＿＿＿＿＿＿＿

签署日期：＿＿＿＿＿＿

＊本表需在签订个案服务同意书后 3 个工作日内填写完整并交由督导者／督导助理审批。

# 个案服务计划书

负责社会工作者：＿＿＿＿＿＿　　个案档案号：＿＿＿＿＿＿＿

| 总体目的： |
| --- |
| 具体目标： |
| 服务计划： |
| 困难预计及应对方法： |

| 负责社会工作者签名： | 签署日期： |
| --- | --- |
| 督导者/督导助理审批： | |

督导者/督导助理签名：＿＿＿＿＿
签署日期：＿＿＿＿＿

＊本表需在签订个案服务同意书后3个工作日内填写完整并交由督导者/督导助理审批。

# 个案会谈记录表

| 服务对象姓名 | | | | 个案档案号 | |
|---|---|---|---|---|---|
| 第一次会谈过程记录 | 时间 | | | 地点 | |
| | 参与人员 | | | 记录人 | |
| | 介入目的 | | | | |
| | | | | | |
| | 社会工作者反思 | | | | |
| | 下一步计划 | | | | |
| 第二次会谈过程记录 | 时间 | | | 地点 | |
| | 参与人员 | | | 记录人 | |
| | 介入目的 | | | | |
| | | | | | |
| | 社会工作者反思 | | | | |
| | 下一步计划 | | | | |
| 第三次会谈过程记录 | 时间 | | | 地点 | |
| | 参与人员 | | | 记录人 | |
| | 介入目的 | | | | |
| | | | | | |
| | 社会工作者反思 | | | | |
| | 下一步计划 | | | | |

| 服务对象姓名 | | | | 个案档案号 | |
|---|---|---|---|---|---|
| 第四次会谈过程记录 | 时间 | | | 地点 | |
| | 参与人员 | | | 记录人 | |
| | 介入目的 | | | | |
| | | | | | |
| | 社会工作者反思 | | | | |
| | 下一步计划 | | | | |
| 第五次会谈过程记录 | 时间 | | | 地点 | |
| | 参与人员 | | | 记录人 | |
| | 介入目的 | | | | |
| | | | | | |
| | 社会工作者反思 | | | | |
| | 下一步计划 | | | | |

# 个案记录表

服务对象姓名：_____ 个案档案号：_____ 社会工作者姓名：_____

| 序号 | 日 期 | 接触方式<br>（电话/面谈） | 接触人士/与服务<br>对象关系 | 内 容 |
|---|---|---|---|---|
| 1 | | | | |
| 2 | | | | |
| 3 | | | | |
| 4 | | | | |
| 5 | | | | |
| 6 | | | | |
| 7 | | | | |
| 8 | | | | |
| 9 | | | | |
| 10 | | | | |
| 11 | | | | |
| 12 | | | | |
| 13 | | | | |
| 14 | | | | |
| 15 | | | | |
| 16 | | | | |
| 17 | | | | |

＊个案记录表的记录次数可多于等于个案服务记录表的次数。

# 个案结案报告

个案档案号：_____

起止日期：由_____年____月____日起至_____年____月____日止

| | 
|---|
| 结案原因陈述： |
| 服务发展历程概括： |
| 工作可改进方面反思： |

负责社会工作者签名：_____　　签署日期：_____

督导者／督导助理审批：□ 结案　□ 不结案（说明原因）_____

督导者／督导助理签名：_____　　签署日期：_____

＊本表须在个案结案前填写完整并发给督导者／督导助理审批，经督导者／督导助理同意后方可结案。

# 服务评估表

服务对象姓名：_____　　个案档案号：_____　　日期：_____

1. 你对社会工作者的表现满意吗？

非常满意　　　　　　　　满意　　　　　　　　一般

不满意　　　　　　　　　非常不满意

2. 社会工作者对你提供了何种帮助？请从下列范围挑选（可选多项）

没有提供帮助　　　　　　提供有用资料

婚姻关系　　　　　　　　家庭关系

生活适应　　　　　　　　转介服务

情绪辅导　　　　　　　　管教子女技巧

行为问题　　　　　　　　司法矫正／安置帮教

学习问题　　　　　　　　人际关系

康复工作　　　　　　　　健康问题

就业辅导　　　　　　　　经济援助

其他（请注明）_____

3. 总体而言，服务能否协助你面对／解决你的困扰？

完全不能　　　　　　　　　　　　　　　　　　完全解决

　　　　　1　2　3　4　5　6　7　8　9　10

4. 自接受社会工作者服务后，你的情况有否改善？

完全没有改善　　　　　　　　　　　　　　　　完全解决

　　　　　1　2　3　4　5　6　7　8　9　10

5. 与社会工作者接触时，你对解决你的困难的积极性如何？

非常积极　　　　　　　　积极　　　　　　　　一般

不积极　　　　　　　　　非常不积极

6. 本个案结束之时，你与社会工作者双方同意的目标能否达到？

能　　　不能（原因：_____）

7. 其他评语或意见／建议

_____

服务对象或家长／监护人签名：_____　　签署日期：_____

# 个案附件清单

服务对象姓名：_____  个案编号：_____  社会工作者姓名：_____

填表日期：_____  请以 √ 表示已完成

| | 已完成 | 不适用 |
|---|---|---|
| **开启个案：** | | |
| 接案同意书 | | |
| 个案基本信息表 | | |
| 接案信息表 | | |
| 个案服务计划书 | | |
| 其他 | | |
| **个案工作进行中：** | | |
| 个案会谈记录表 | | |
| 个案总记录表 | | |
| 其他 | | |
| **完结个案：** | | |
| 个案结案报告 | | |
| 服务评估表 | | |
| 个案转介表 | | |
| 个案结案跟进表 | | |
| **其他** | | |

# 附录2：小组套表

## 小组工作计划书

<table>
<tr><td rowspan="6">基本<br>信息</td><td>小组名称</td><td></td><td>编号</td><td colspan="2"></td></tr>
<tr><td>服务对象</td><td></td><td>服务人数</td><td colspan="2"></td></tr>
<tr><td>日期/时间</td><td></td><td>地点</td><td colspan="2"></td></tr>
<tr><td>小组性质</td><td colspan="4"></td></tr>
<tr><td rowspan="2">人员安排</td><td rowspan="2">（分工与职责）</td><td>单元数<br>（节）</td><td colspan="2">共＿＿单元<br>（节）</td></tr>
<tr><td></td><td colspan="2"></td></tr>
<tr><td>背景</td><td colspan="5">1. 需求调查<br>2. 问题分析<br>3. 政策依据<br>4. 服务方向</td></tr>
<tr><td>理论<br>依据</td><td colspan="5">（阐述在小组服务中，运用了什么理论以及理论在小组服务中是如何发挥作用的）</td></tr>
<tr><td>小组<br>目标</td><td colspan="5"></td></tr>
<tr><td>招募<br>方法</td><td colspan="5"></td></tr>
<tr><td rowspan="5">各单<br>元（节）<br>小组设<br>计大纲</td><td>单元<br>（节）</td><td>单元<br>（节）<br>名称</td><td>单元<br>（节）<br>目标</td><td>主要<br>活动<br>内容</td><td>时间<br>配置</td><td>人力</td></tr>
<tr><td>1</td><td></td><td></td><td></td><td></td><td></td></tr>
<tr><td>2</td><td></td><td></td><td></td><td></td><td></td></tr>
<tr><td>3</td><td></td><td></td><td></td><td></td><td></td></tr>
<tr><td>…</td><td></td><td></td><td></td><td></td><td></td></tr>
</table>

续表

| | |
|---|---|
| 预计困难与解决方法 | |
| 小组评估 | （评估主体、评估对象、评估内容、评估方式等） |

| 财务预算（元） | 序号 | 项 目 | 单 价 | 数 量 | 小 计 | 经费来源 |
|---|---|---|---|---|---|---|
| | 1 | | | | | |
| | 2 | | | | | |
| | 3 | | | | | |
| | … | | | | | |
| | 申请经费总计 | | | 备注：在"经费来源"一栏请填写相应代码：A. 机构；B. 用人单位；C. 其他（请说明） | | |

| 审批签署 | 社会工作者（签名） | | 日期 | |
|---|---|---|---|---|
| | 督导者（签名） | | 日期 | |
| | 中心 / 项目负责人（签名） | | 日期 | |

# 小组工作单元（小节）计划书

| 基本信息 | 小组名称 | | 编号 | | |
|---|---|---|---|---|---|
| | 单元数（节） | 第__单元（节） | 本单元（节）主题 | | |
| | 日期/时间 | | 地点 | | |

| 目标 | |
|---|---|
| | |

| 流程 | 时长 | 名称 | 目标 | 内容及具体操作方式 | 所需物资 | 工作人员 |
|---|---|---|---|---|---|---|
| | | | | | | |
| | | | | | | |
| | | | | | | |
| | | | | | | |
| | | | | | | |

| 预计困难与解决办法 | |
|---|---|
| | |

| 督导意见 | |
|---|---|
| | |

| 签名 | 社会工作者（签名） | | 日期 | |
|---|---|---|---|---|
| | 督导者（签名） | | 日期 | |

# 小组工作过程记录表

<table>
<tr><td rowspan="6">基本信息</td><td>小组名称</td><td></td><td>编 号</td><td colspan="2"></td></tr>
<tr><td>日期/时间</td><td></td><td>地 点</td><td colspan="2"></td></tr>
<tr><td>社会工作者<br>姓名</td><td></td><td>协助人员</td><td colspan="2"></td></tr>
<tr><td>出席人数</td><td></td><td>单元（节）数</td><td>第___单元<br>（节）</td></tr>
<tr><td>小组性质</td><td colspan="4"></td></tr>
<tr><td colspan="5"></td></tr>
<tr><td rowspan="5">过程记录</td><td>时间段及环节</td><td>目的</td><td colspan="3">过程分析</td></tr>
<tr><td></td><td></td><td colspan="3"></td></tr>
<tr><td></td><td></td><td colspan="3"></td></tr>
<tr><td></td><td></td><td colspan="3"></td></tr>
<tr><td></td><td></td><td colspan="3"></td></tr>
<tr><td>小组成员反馈</td><td colspan="5">（可采用问卷等多种方式）</td></tr>
<tr><td>小组分析</td><td colspan="5">（包括小组沟通模式、气氛、规范、凝聚力、组员领导模式、决策、冲突等；小组活动内容、方式等；小组成员的参与、投入和其他表现等；工作人员态度、投入和专业性等各种表现等）</td></tr>
<tr><td>目标实现情况</td><td colspan="5"></td></tr>
</table>

| | |
|---|---|
| 工作反思 | （可从价值观、理论及技巧等方面进行专业反思） |
| 下单元（节）跟进 | ［在下一单元（节）中需要发扬或利用哪些优势，注意解决或跟进哪些问题，以及在专业价值观、理论、方法技巧、工作内容等方面作出哪些调整，在此处应予以简短说明；如果是最后一单元（节），此部分可省略］ |
| 督导意见 | |

| 签名 | 社会工作者（签名） | | 日期 | |
|---|---|---|---|---|
| | 督导者（签名） | | 日期 | |

# 小组工作评估总结报告

<table>
<tr><td rowspan="6">基本信息</td><td>小组名称</td><td></td><td>编号</td><td colspan="2"></td></tr>
<tr><td>服务对象</td><td></td><td>服务人数</td><td colspan="2"></td></tr>
<tr><td>聚会地点</td><td></td><td>社会工作者姓名</td><td colspan="2"></td></tr>
<tr><td>时间</td><td></td><td>单元（节）数</td><td colspan="2">共____单元（节）</td></tr>
<tr><td>小组性质</td><td colspan="4"></td></tr>
</table>

<table>
<tr><td rowspan="4">出席情况</td><td>单元（节）数</td><td>1</td><td>2</td><td>3</td><td>4</td><td>5</td><td>6</td><td>7</td><td>8</td><td>9</td><td>…</td><td>平均值</td></tr>
<tr><td>出席人数</td><td></td><td></td><td></td><td></td><td></td><td></td><td></td><td></td><td></td><td></td><td></td></tr>
<tr><td>出席率</td><td></td><td></td><td></td><td></td><td></td><td></td><td></td><td></td><td></td><td></td><td></td></tr>
</table>

| 目标实现情况 | |
|---|---|
| 参加者满意度分析 | （请根据小组满意度调查表总结此栏内容，需包含对活动内容/形式、时间、频次、地点、工作人员态度/能力、自我参与程度等的满意程度） |
| 小组分析 | （包括小组沟通模式、气氛、规范、凝聚力、组员领导模式、决策、冲突等；小组活动内容、方式等；小组组员的参与、投入和其他表现等；工作人员态度、投入和专业性等各种表现；工作人员或者说小组所在的机构的人、财、物的投入等各种表现） |

| 其他建议 | （如筹备策划、人员分工、资源动员与科学合理使用、专业性、本土化、知识建构、内容设计或其他方面的情况及建议等，请在此栏填写） | | | |
|---|---|---|---|---|
| 工作反思 | （可从价值观、知识及技巧等方面进行专业反思） | | | |
| 跟进计划 | （追踪评估计划） | | | |
| 财务报告 | 预算经费总计：_____元<br>使用经费总计：_____元<br>盈余/超支总计：_____元<br>（附经费决算明细表） | | | |
| 督导意见 | | | | |
| 结束签署 | 社会工作者（签名） | | 日期 | |
| | 督导者（签名） | | 日期 | |
| | 中心/项目负责人（签名） | | 日期 | |
| 注：请将评估工具（如评估问卷、评估量表、访谈提纲等）附后。 | | | | |

# 附录 3：督导套表

## 督导记录表

| 时间 | | 地点 | |
|---|---|---|---|
| 督导者姓名 | | 督导形式 | 个体督导、团体督导 |
| 督导项目 | | | |
| 参与的社会工作者 | | | |
| 时长 | 小时 | 记录人 | |
| 内容 | 督导内容 | | 督导建议 |
| | | | |
| | | | |
| | | | |
| | | | |
| 社会工作者反馈 | | | |
| 下一步工作计划 | | | |
| 备注 | 督导内容（督导周期内：工作总结、经验/感受、资源整合/提供、自我评价、知识与技巧讨论、项目运作与机构管理、资料统计与分析、情绪支持等内容） | | |
| 照片 | | | |

# 后　记

在中国社会工作发展的历史长河中，乡镇（街道）社工站是浓墨重彩的一笔！社会工作这一舶来品终于在乡镇（街道）这一中国最基层的政府层级开始了全覆盖的征程，社会工作也终于从城市深入乡村，将带着有温度的专业服务送入千家万户。

然而，社会工作对基层城乡的广大居民来说仍然是陌生的，在许多地方，社会工作者解释自己的身份花费的精力比做服务的时间还要多。即使在广泛宣传的情况下，不少乡镇（街道）和城乡社区的工作人员对社会工作的了解仍旧非常有限，加上各种条件限制，部分社工站是由"社工小白"在开展服务。虽然倍感压力，但我们仍然感到编写一本通俗易懂、具有普及性、实操性社工站建设指南手册的迫切性，于是就马上行动起来。通过大家近一年的持续努力，最终完成了本书。本书的第二章、第五章由兰州大学焦若水教授撰写；第四章由兰州大学王英教授、焦若水教授合作撰写；第一章、第三章、第六章由西南财经大学李权财博士撰写；第七章、第八章由集美大学姚进忠教授撰写。

在本书编写过程中，我们得到众多活跃在社会工作实务一线伙伴的支持和帮助，他们使本书得以持续完善，他们是孔繁强、舒权挺、兰树记、陈曦明、何方、李向飞、张海丽等。限于能力，我们未能全面呈现实务界伙伴宝贵的实践智慧。中国社会出版社的余细香老师充满社会工作精神，当然更是专业敬业的编辑，没有她的大力支持和专业服务，本书出版日期可能将大大延迟。兰州大学社会工作专业硕士生肖锦、吴月巧，民族社会学硕士生李有为对书稿进行了校对和图表制作，**谢谢她们的辛苦付出**。

　　乡镇（街道）社工站发展面临诸多挑战与变化，注定是路漫漫其修远兮，但好在有诸多社会工作伙伴仍然在广袤城乡大地上下求索。这本小册子只是投石问路之作，非常欢迎各位社会工作同人和社会各界提出宝贵意见，我们共同完善。本书编写组的邮箱是 gjsk2020@163.com，我们将每信必复。

　　祝愿乡镇（街道）社工站历经挑战，仍然能够接续发展，在实务服务上持续积累丰富经验，在理论上助推中国社会工作理论的生成发展！

焦若水